Nikolaus Nützel

Sprache

oder

Was den Mensch
zum Menschen macht

Nikolaus Nützel

Sprache

oder

Was den Mensch
zum Menschen macht

cbj ist der Kinder- und Jugendbuchverlag
in der Verlagsgruppe Random House

Für Kilian, Leonie, Simon, Laura und Julie

FSC
Mix
Produktgruppe aus vorbildlich
bewirtschafteten Wäldern und
anderen kontrollierten Herkünften
Zert.-Nr. SGS-COC-1940
www.fsc.org
© 1996 Forest Stewardship Council

Verlagsgruppe Random House FSC-DEU-0100
Das für dieses Buch verwendete FSC-zertifizierte Papier *EOS*
liefert Salzer, St. Pölten.

Gesetzt nach den Regeln der Rechtschreibreform

1. Auflage 2007
© 2007 cbj, München
Alle Rechte vorbehalten
Vermittelt durch die Literatur- und Medienagentur Ulrich Pöppl, München
Lektorat: Uwe-Michael Gutzschhahn
Einbandgestaltung: Init.büro für gestaltung, Bielefeld
Bildredaktion: Tanja Nerger und Annette Mayer
AR · Herstellung: WM
Satz und Reproduktion: Uhl+Massopust, Aalen
Druck: Westermann-Druck, Zwickau
ISBN: 978-3-570-13027-8
Printed in Germany

www.cbj-verlag.de

Inhalt

Statt eines Vorworts:
Eine Entwarnung, eine Warnung und eine Bitte

Dieses Buch behandelt Fragen rund um die *eine* Fähigkeit, die den Mensch zum Menschen macht: die Fähigkeit, zu sprechen, zu schreiben, zu lesen und zu verstehen. Mit dieser Fähigkeit haben sich auch viele Sprachwissenschaftler befasst und etliche von ihnen kommen in diesem Buch zu Wort.

Deshalb zunächst eine *Entwarnung*: Obwohl Wissenschaftler zu Wort kommen, ist das hier kein wissenschaftliches Buch, sondern eine (hoffentlich!) interessante Sammlung von Tatsachen und Überlegungen rund um die Sprache.

Nun zur *Warnung*: Die Sammlung enthält (im Interesse der Verständlichkeit) an manchen Stellen Vereinfachungen und Verallgemeinerungen. Das könnte dem einen oder anderen sprachwissenschaftlich vorgebildeten Leser sauer aufstoßen.

Deshalb die *Bitte*: Wer dieses Buch kritisch liest, möge daran denken, dass die meisten Vereinfachungen und Verallgemeinerungen bewusst vorgenommen wurden – eben im Sinne der Lesbarkeit. Wer aber echte Fehler entdeckt, den bitte ich, mich umgehend auf sie aufmerksam zu machen.

Nikolaus Nützel

1. Am Anfang war das Wort – und dieses Wort hieß vielleicht gaga
Oder: Seit wann spricht der Mensch?

Es ist Vormittag an einer Ausgrabungsstelle in der südafrikanischen Wüste. Ein Archäologe legt vorsichtig den Schädel eines Urzeitmenschen frei. Mit einem kleinen Pinsel entfernt er Erde und Staub von den Knochen. Anhand der Gesteinsablagerungen, die über dem Skelett abgetragen werden mussten, können die Wissenschaftler schon während der Ausgrabung grob das Alter der Knochen schätzen: Rund zwei Millionen Jahre ist der Schädel des *Homo habilis* alt.

Was die Forscher besonders interessiert: Wie hat der Kopf dieses frühen Verwandten des heutigen Menschen von innen ausgesehen? Vom Gehirn ist nichts mehr übrig, es hat sich längst in Erde und Staub aufgelöst. Doch mit einer besonderen Art der Röntgenuntersuchung – der Computertomografie – können die Archäologen einiges über das Hirn der Urzeitmenschen herausfinden.

So hat der *Homo habilis* in seinem Schädelknochen eine kleine Ausbuchtung über dem linken Ohr. Beim modernen Menschen sitzt an dieser Stelle das sogenannte Broca-Zentrum im Gehirn (siehe auch Kapitel 14). Das ist ein Teil des Denkorgans, der ganz wesentlich fürs Sprechen zuständig ist. Die Schlussfolgerung der Forscher: Schon vor zwei Millionen Jahren könnten die Vorfahren des Menschen die Voraussetzungen für eine primitive Sprache gehabt haben.

9

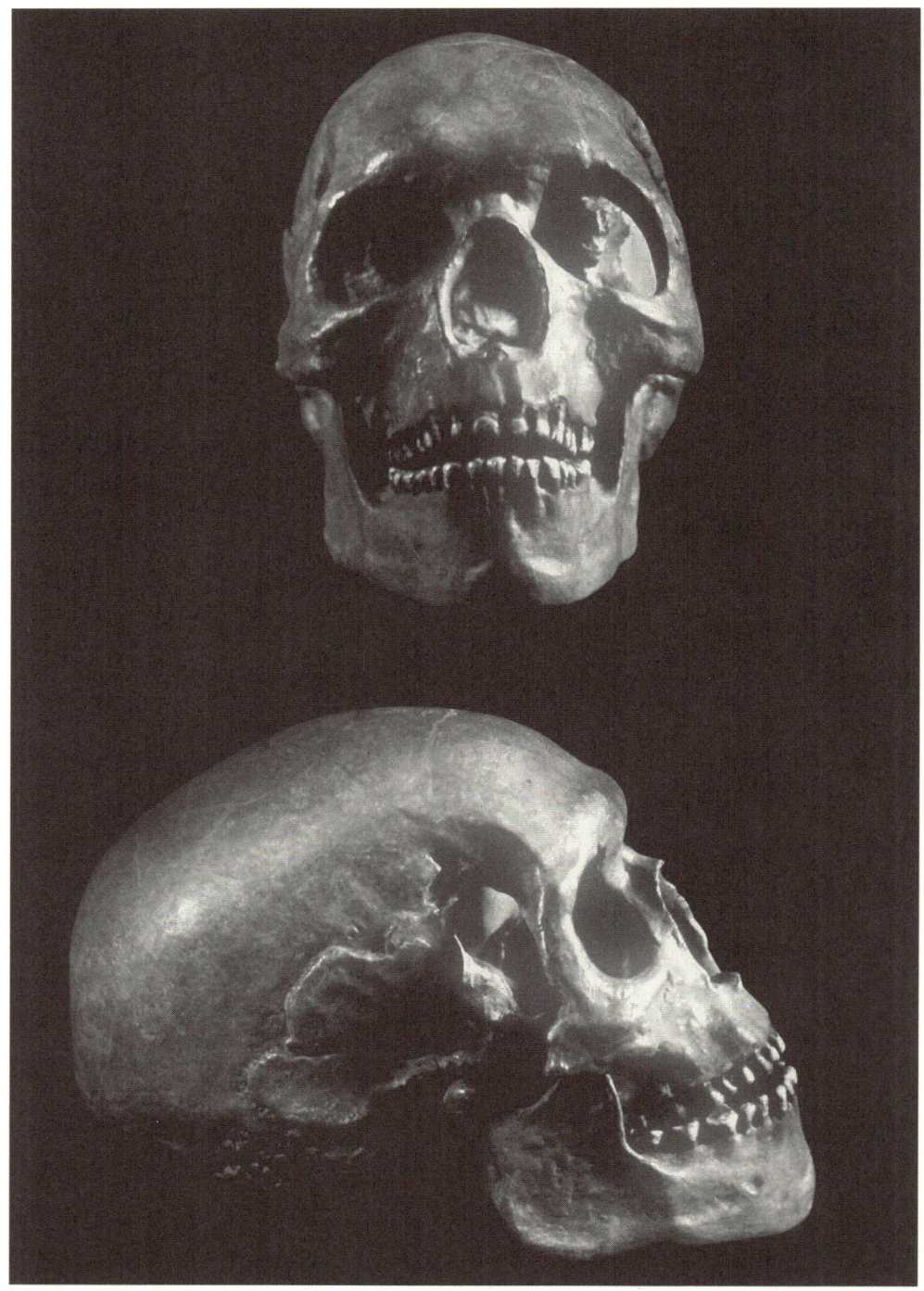

Ein rund 40000 Jahre alter Schädel des Frühmenschen *Homo aurignacensis*. Aus solchen Fundstücken schließen Sprach-Archäologen, dass das Hirn unserer Vorfahren schon die Voraussetzung für Sprache bot.

Ortswechsel: Im indonesischen Urwald graben Archäologen vorsichtig Steinwerkzeuge aus dem Boden. Eine Gruppe von Frühmenschen, die die Forscher *Homo erectus* nennen, benutzte vor rund 800 000 Jahren offensichtlich Faustkeile und Schaber, um Tiere zu töten, Fleisch zu zerschneiden und Fell zu bearbeiten. Besonders interessant ist für die Wissenschaftler der Ort, an dem sich das *Homo-erectus*-Lager befindet. Es liegt auf der indonesischen Insel Flores, die schon seit Millionen Jahren vom Festland getrennt ist. Die Frühmenschen müssen also mit Flößen nach Flores gekommen sein.

Und das wiederum ist nach Ansicht vieler Archäologen ein Beleg dafür, dass sich diese Vorfahren der heutigen Menschen in irgendeiner Art von Sprache miteinander verständigen konnten – sonst wäre etwas so Aufwendiges wie der Bau eines Floßes nicht möglich gewesen. Nur wer gemeinsam einen Plan entwickelt und zusammenarbeitet, kann ein Floß bauen. Und gemeinsam planen und arbeiten kann nur, wer spricht.

Noch ein Ortswechsel: eine neu entdeckte Höhle in Südfrankreich. Archäologen staunen über die Farbenpracht der Malereien, die sie an der Decke finden. Vor rund 40 000 Jahren haben sogenannte Cro-Magnon-Menschen Bilder von Büffeln und Pferden an die Höhlendecke gezeichnet. Sie haben aber auch in der Nähe ihre Verstorbenen in liebevoll gestaltete Gräber gelegt. Alles das zusammen lässt für die Forscher nur einen Schluss zu: Wer so wunderbar malt und sich solche Mühe mit seinen Toten gibt, der macht sich vielfältige Gedanken zu Dingen, die übers Essen, Trinken und Schlafen hinausgehen. Und wer sich solche Gedanken macht, der spricht miteinander. Kurz: Die Höhlenmenschen vor 40 000 Jahren müssen eine sehr ausgefeilte Sprache gehabt haben.

Die Malereien in einer Höhle nahe dem nordspanischen Altamira sind zum Teil über 20 000 Jahre alt. Viele Sprachforscher sind sich sicher: Wer so kunstvoll Ur-Rinder gemalt hat, muss auch über eine ausgefeilte Sprache verfügt haben.

Rückschluss aus Fossilien

Kaum etwas interessiert Sprachforscher so sehr wie die Frage, seit wann der Mensch sprechen kann – und wann er wie gut sprechen konnte. Denn die Fähigkeit, mehr auszutauschen als einzelne Rufe und Schreie, ist etwas, was den Menschen von den Tieren deutlich unterscheidet. Die Sprache gibt dem »nackten Affen«, wie der Buchautor Desmond Morris den Menschen getauft hat, eine ganz eigene Rolle in der Natur.

Doch gerade bei dieser hochinteressanten Frage – seit wann der Mensch sprechen kann – tun sich die Wissenschaftler besonders schwer mit einer Antwort. »Wenn Versteinerungen nur reden könnten, wenn bei den Werkzeugen, die wir finden, nur Kassettenaufnahmen dabei wären!«, beklagt sich der amerikanische Forscher Michael Corballis scherzhaft. Der älteste Beweis, dass Menschen mit Sicherheit über Sprache verfügten – die ersten Inschriften auf Tontafeln –, ist gerade einmal 6000 Jahre alt.

Noch im Jahr 1866 fasste deshalb die Sprachwissenschaftliche Gesellschaft Frankreichs einen radikalen Beschluss: Debatten über den Ursprung der Sprache wurden schlicht verboten. Denn wissenschaftliche Belege, ob und wie der Mensch in längst vergangenen Zeiten gesprochen hat, gebe es nicht, urteilten die Forscher. Darum sei jede Diskussion über diese Frage unwissenschaftlich. Also habe eine solche Diskussion in der ehrwürdigen Sprachwissenschaftlichen Gesellschaft keinen Platz. Punkt.

Rückschlüsse aus Puzzleteilen

Seit 1866 haben sich die Untersuchungsmethoden und Erkenntnisse der Sprachforscher allerdings wesentlich verfeinert. Archäologen haben Hunderte von Fundstätten aus der Frühzeit der Menschheit untersucht. Das Alter der Funde lässt sich inzwischen meist relativ genau bestimmen. So hinterlassen die regelmäßigen Veränderungen im Magnetfeld der Erde Spuren in den Gesteinsschichten. Aus der Tatsache, in was für einer Gesteinsschicht ein Knochen gefunden wird, lässt sich daher schließen, wie alt so ein Knochen ist.

Außerdem lässt sich das Alter vieler Fundstücke über kleine radioaktive Einschlüsse ziemlich genau festlegen. Denn die winzig kleinen Anteile von radioaktiven Elementen zerfallen in einem immer gleichen Tempo. Je nachdem, wie viel beispielsweise von dem radioaktiven Element mit dem Namen »C14« noch vorhanden ist, können Archäologen sehr genau sagen, wie alt ein Fundstück ist.

Das Bestimmen des Alters von Knochen oder Werkzeugen ist aber nur ein Teil der Arbeit von Spracharchäologen. Sie haben auch genau vermessen, wie die Schädel der Urmenschen von innen aussehen. Sie haben anhand von Skeletten rekonstruiert, wie die Urmenschen geatmet haben. Und die Forscher haben Feuerstellen oder Speere gefunden – und sich Gedanken gemacht, wie der Alltag der Urmenschen ausgesehen hat. Aus der Summe dieser Funde lässt sich das Alter der verschiedenen Entwicklungsstufen von Sprache grob beziffern.

Am Anfang war der Traum

Die Spracharchäologen streiten sich über viele Dinge. In einem sind sie sich jedoch einig: Bevor der Mensch anfangen konnte, Wörter zu entwickeln, musste er erst einmal fähig werden zu denken. Und bevor er sich Gedanken machen konnte, musste er erst einmal *Begriffe* entwickeln. Das heißt, er musste in der Lage sein, einen Unterschied zu erkennen zwischen dem Baum, den er vor seinen Augen sah, und dem Bild von diesem Baum, das er im Kopf hatte.

Die meisten Tiere machen in ihrem Hirn keinen solchen Unterschied. Wenn ein Frosch etwas sieht, das etwa einen Zentimeter groß ist und fliegt, dann sagt ihm das in seinen Nervenbahnen abgespeicherte Muster: »Das ist eine Fliege.« Und wenn der Frosch nicht gerade sehr satt ist, wird er versuchen die Fliege zu fangen. Aufgrund von Hirnuntersuchungen sind Wissenschaftler sicher, dass Frösche nicht von Fliegen träumen. Für einen Frosch ist eine Fliege nur interessant, wenn sie vor seinem Maul herumsummt.

14

Höhere Säugetiere sind einen Schritt weiter: Sie können träumen. Das weiß jeder Hundebesitzer, der seinem Bello oder Rex öfter beim Schlafen zugesehen hat. Durch die Gehirne höherer Säugetiere schwirren also Bilder von Dingen, ohne dass die Tiere diese Dinge gerade leibhaftig sehen. Allerdings sind sich Forscher sicher, dass Hunde im besten Fall Bilder von etwas konkret Gesehenem wieder abspulen – so wie einen Film. Dass ein Hund jedoch beschließt, »ich möchte jetzt an etwas Schönes denken – also an einen Knochen«, gilt als ausgeschlossen.

Genau diese Fähigkeit – sich bewusst ein Bild von etwas ins Gehirn zu rufen, das man gerade nicht sieht – gilt aber als Grundlage für das Denken im menschlichen Sinn. Und das wiederum ist die Basis fürs Sprechen. Es war deshalb ein revolutionärer Schritt, als unsere Vorfahren vermutlich vor vielen Millionen Jahren anfingen *Begriffe* zu bilden. Das heißt, sie begannen zu erkennen, dass Dinge bestimmte Eigenschaften haben und dass man im Kopf diese Eigenschaften von den jeweiligen Dingen getrennt betrachten kann.

Ein Begriff ist mehr als das, was wir sehen

Eine Banane und eine Orange haben erst einmal so gut wie nichts gemeinsam. Die eine ist länglich-gekrümmt und gelb, die andere ist kugelförmig und orangefarben. Doch schon vor langer Zeit haben unsere Vorfahren angefangen zu erkennen, dass beide essbare Baumfrüchte sind, die man am besten ohne Schale isst, wenn sie wirklich gut schmecken sollen. (Dass in den Urwäldern, aus denen unsere Vorfahren stammen, Bananen und Orangen wohl selten nebeneinander zu finden waren, lassen wir jetzt mal beiseite. Es geht ums Beispiel.)

Die völlig unterschiedlichen Dinge »Banane« und »Orange« steckt das Gehirn des immer klüger werdenden Urmenschen also in eine gemeinsame Schublade – unter dem *Begriff* »Obst«. Das bedeutet allerdings nicht, dass damals schon irgendjemand das Wort »Obst« gesagt hat. Er hat es nur gedacht. Ohne einen solchen gedanklichen Schritt wäre Sprechen nie möglich.

Dass diese Stufe der Bildung von *Begriffen* schon vor vielen Millionen Jahren begonnen haben muss, begründen die Spracharchäologen mit einer simplen Tatsache: Auch einige Affen haben offensichtlich die Fähigkeit, in einem gewissen Maß *Begriffe* zu bilden. Sonst könnten sie nicht einfache Symbolsprachen lernen, wie es einigen Schimpansen gelungen ist (siehe auch Kapitel 2). Daraus, dass sowohl der Mensch als auch Schimpansen Begriffe bilden können, lässt sich wiederum eines schließen: Schon die gemeinsamen Vorfahren von Affen und Menschen, die vor etwa fünf bis sechs Millionen Jahren lebten, haben früheste Formen des Denkens entwickelt.

Allerdings hat sich der gemeinsame Entwicklungsweg von Affen und Menschen bald getrennt. Schon vor gut zwei Millionen Jahren unterschieden sich die Vorfahren des Menschen sehr deutlich von den heutigen Affen. Beim *Homo erectus* sagt es sein lateinischer Name: Er konnte bereits aufrecht gehen, ein wichtiger Unterschied zu Orang-Utans oder Schimpansen. Die bewegen sich meist auf allen vieren. Und das Hirn der Frühmenschen wurde über die Jahrtausende hinweg größer, vor allem von dem Moment an, als sie anfingen, mehr Fleisch zu essen.

Denn im Fleisch ist wesentlich mehr Eiweiß enthalten als in Gräsern oder Samen. Eiweiß wiederum ist wichtig für den Aufbau der Gehirnzellen – und die mussten in ausreichender Zahl vorhanden sein, damit der Mensch eine Sprache entwickeln konnte.

16

Vom Kauorgan zum Sprechorgan

Doch Köpfchen alleine genügt nicht zum Sprechen. Der Mensch braucht auch einen *Kanal*, wie die Sprachforscher sagen, um etwas mitzuteilen. Heute ist das vor allem der Klang der Sprache. Ganz am Anfang dürften aber die Augen mindestens so wichtig fürs Verstehen gewesen sein wie die Ohren. Gesten der Hände und die Mimik des Gesichts haben am Anfang der Sprache wahrscheinlich eine ganz wesentliche Rolle gespielt. Denn vor gut zwei Millionen Jahren, als die Menschen die ersten Schritte auf dem Weg zu einer voll entwickelten Sprache gingen, taugten ihre Stimmorgane noch nicht zum Sprechen.

Ganz entscheidend fürs Sprechen ist die Kontrolle über den Atem. Im Prinzip ist menschliche Sprache ja nichts anderes als das Ausatmen von Luft, die durch die Stimmbänder, die Zunge, den Rachen und die Zähne in bestimmte Schwingungen versetzt wird. Das allerdings ist nur möglich, wenn man das Ausatmen mit seinem Willen gut steuern kann. Tiere sind dazu nicht in der Lage. Schimpansen beispielsweise können zwar schreien und rufen. Doch sie müssen vor jedem einzelnen Laut, den sie von sich geben, einatmen. Ordentlich zu sprechen, ist da schwer möglich.

Auch bei den frühen Vorfahren des Menschen, die vor mehr als einer Million Jahren gelebt haben, zeigen Knochenfunde, dass sie noch nicht im heutigen Sinne sprechen konnten. Die Öffnungen in den Knochen, durch die die Nerven im Bereich des Brustkorbs verlaufen, sind beim *Homo erectus* noch sehr klein. Das gilt als Beweis, dass diese Nervenbahnen nicht ausgereicht haben können, um das Atmen genau zu steuern. Also war auch ein Sprechen, das unserer Sprache vergleichbar ist, nicht möglich.

Gut denkbar ist hingegen, dass Frühmenschen bestimmte Grunzlaute und Schreie von sich gaben und gleichzeitig mit ihren Händen versuchten klarzumachen, was sie meinten. So könnte ein Urmensch, der ein totes Mammut gefunden hatte, zu seinen Leuten gelaufen sein und ihnen zugerufen haben: »Öööchchch.« Gleichzeitig könnte er mit einer Bewegung seiner Hände die Stoßzähne des Mammuts nachgeahmt und in die Richtung gezeigt haben, wo das tote Tier lag. So eine Szene kann sich zumindest der amerikanische Sprachforscher Derek Bickerton vorstellen. Auf diese Weise wäre es dem Urmenschen vielleicht gelungen, seinen Freunden und Verwandten klarzumachen, dass es in der Nähe eine große Menge Fleisch zu holen gab.

Ein langer Weg zur Sprache

Alle körperlichen Voraussetzungen zum Sprechen hatte der Mensch erst vor etwa 200 000 Jahren. Zu diesem Zeitpunkt dürfte es den Frühmenschen möglich gewesen sein, mehr als nur Rufe und Grunzlaute von sich zu geben. Bis die Urmenschen diese Voraussetzungen wirklich genutzt haben, um etwas zu entwickeln, was unserer heutigen Sprache entspricht, verging aber wohl noch einige Zeit. Nach Ansicht der meisten Forscher haben sich die Steinzeitmenschen erst vor rund 100 000 Jahren so miteinander ausgetauscht, dass wir es auch heute als Sprache bezeichnen würden.

Wie die ersten Schritte in Richtung Sprache ausgesehen haben, darüber lässt sich nur spekulieren. Der Sprachforscher Bickerton hält es jedoch für wahrscheinlich, dass Kinder dabei eine große Rolle spielten. Er schildert ein Szenario, wie es sich in der Steinzeit abgespielt haben könnte – in einer Steinzeitfamilie, der er den Namen »Og« gegeben hat. Die Familie hat Besuch von einer Freundin mit dem Namen »Ug«.

»Frau Og stillt gerade ihr hungriges einjähriges Baby an der Brust. Sie hält das Baby mit der einen Hand, während sie versucht, mit der anderen Hand selbst zu essen. Der junge Og, der einmal etwas anderes als Milch probieren möchte, grapscht nach dem Fleisch. Frau Og stößt ihn weg. Der Kleine probiert es angestrengter, er stammelt frustriert: *gaga*. Seine Hartnäckigkeit amüsiert Frau Ug, die in der Nähe sitzt. Sie imitiert das *gaga*, während sie so tut, als ob sie nach dem Fleisch greift. So wird es im Stamm zum beliebten Witz, dass man so tut, als ob man jemandem sein Fleisch wegnimmt und dabei *gaga* sagt. Und vielleicht beginnen ältere Kinder auch im Ernst *gaga* zu sagen, wenn sie Fleisch möchten oder wenn sie der Ansicht sind, dass die Erwachsenen das Fleisch ungerecht verteilen.«

Bickerton ist es natürlich nicht wichtig, ob die Steinzeitleute nun genau das Wort »gaga« gesagt haben – was wohl nicht der Fall war. Aber er hält es für wahrscheinlich, dass die Sprache vor allem in Spielsituationen entstanden ist. Denn Frau Ug, die den Babylaut »gaga« aufgriff, um ihre Freunde ein wenig zu veräppeln, konnte einfach einmal ausprobieren, ob die anderen den Spaß verstanden und ob sie das Wort »gaga« im Gedächtnis behielten. Wenn es nicht geklappt hätte, wäre eben ein Witzchen schiefgegangen – wie so oft in der Geschichte der Menschheit.

Frau Ug hätte eines allerdings *nicht* tun können: Sie konnte nicht zur Nachbarin Og sagen: »Wir nennen das, was du da gerade isst, ab jetzt *gaga*. Denn dann können wir Späßchen darüber machen und uns vielleicht auch über bessere Kochrezepte unterhalten.« So eine Äußerung (und sei sie noch so einfach gebaut) hätte die Nachbarin Og nur verstehen können, wenn sie vorher bereits etwas mit den Wörtern anzufangen wusste. Was jedoch nicht der Fall war.

Die Entwicklung der Sprache muss also zu einem guten Teil etwas Spielerisches gehabt haben. Die ersten Worte wurden ausprobiert, ohne dass man sicher sein konnte, ob die anderen sie so verstanden, wie sie gemeint waren. Deswegen glaubt Professor Bickerton, dass bei der Entwicklung der Sprache vor allem die beteiligt waren, die besonders gerne spielen und ausprobieren: Kinder und Jugendliche.

Entscheidend ist dabei, dass die Urmenschen irgendwann Worte gebildet haben, die akustisch nichts mit dem zu tun hatten, worüber sie reden wollten. Wissenschaftler früherer Zeiten haben zwar die These entwickelt, dass die Steinzeitmenschen zunächst ausschließlich Laute der Natur nachgeahmt hätten. Der Sprachgelehrte Johannes Comenius listete in seinem Buch »Orbis sensualium pictus« aus dem Jahr 1679 genau auf, wie bestimmte Tierlaute, aber auch das menschliche Hauchen in die Sprache eingeflossen seien – was sich am Deutschen ebenso wie am Lateinischen nachweisen lasse, meinte Comenius.

Doch diese sogenannte »Wau-wau-Theorie« hat sich nicht lange gehalten. Denn sie ist offensichtlich nicht besonders sinnvoll: Nur in wenigen Sprachen gibt es überhaupt lautmalerische Wörter, die Klänge aus der Natur oder Geräusche von Tieren nachahmen. So heißt die Stechmücke im Italienischen *zanzara* – was in der Tat so klingt wie das Sirren eines Moskitos. Schon das deutsche »Wauwau« verwenden aber höchstens Tanten, Großmütter und ganz kleine Kinder. Alle anderen sagen auf Deutsch »Hund« – was mit einem Bellen wenig zu tun hat. Genauso wenig wie das englische *dog* oder das französische *chien*.

Einige Theorien zur Entstehung menschlicher Wörter

Wau-wau-Theorie: Die Sprache ist durch das Nachahmen von Naturlauten entstanden.

Aua-Theorie: Die Sprache ging aus Ausrufen und Aufschreien hervor.

Hau-ruck-Theorie: Die Sprache entstand durch Stöhnen und Rufen bei anstrengender gemeinsamer Arbeit.

Sing-Sang-Theorie: Die Sprache ist beim gemeinsamen Singen entstanden.

Das Nachahmen von Naturlauten kann vor allem aus *einem* Grund nicht viel zur Entwicklung der Sprache beigetragen haben. Sobald das, was jemand sagen will, etwas komplizierter ist, kommt er mit »Wauwau«, »Platsch« oder »Zisch« nicht mehr weit. Wer wirklich etwas mitteilen möchte, muss sprachliche Zeichen verwenden, die nichts mit dem zu tun haben, wofür sie stehen. Wie sollte ein Steinzeitmensch einen Satz in der Art von »Ich-dir-geben-Fleisch-wenn-du-mir-geben-Hirse« äußern, wenn er nur mit Lautmalerei und Gesten hätte arbeiten können? Genauso ist es mit der »Aua-Theorie« oder der »Hau-ruck-Theorie«. Sie klingen vielleicht auf den ersten Blick recht spaßig. Doch sie führen nicht weit.

Denn es ist vor allem eines, was die Wörter des Menschen ganz besonders macht: Sie haben eben *nichts* mit dem zu tun, was sie bedeuten.

Cornix cornicatur. die **Krähe** krechzet.	á á	Aa
Agnus balat. das **Schaf** blöcket.	bé é é	Bb
Cicáda stridet. der **Heuschreck** zitzschet.	ci ci	Cc
Upupa, dicit. der **Widhopf**/rufft.	dü du	Dd
Infans éjulat. das **Kind** weinert.	é é é	Ee
Ventus flat. der **Wind** wehet.	fi fi	Ff
Anser gingrit. die **Gans** gackert.	ga ga	Gg
Os halat. der **Mund** hauchet.	häh häh	Hh
Mus mintrit. die **Maus** pfipfert.	ì ì ì	Ii
Anas tetrinnit. die **Ente** schnackert.	kha kha	Kk
Lupus úlulat. der **Wolff** heulet.	lu ulu	Ll
Ursus múrmurat. der **Beer** brummet.	mum mum	Mm
Felis, clamat die **Katz** mauzet.	nau nau	Nn
Auriga, clamat der **Fuhrmann**/rufft	ó ó ó	Oo
Pullus pipit. das **Küchlein** pipet.	pi pi	Pp
Cúculus cúculat. der **Kukuck** kucket.	kuk ku	Qq
Canis ríngitur. der **Hund** marret.	err	Rr
Serpens síbilat. die **Schlange** zischet.	si	Ss
Graculus, clamat der **Heher**/schreyet	tae tae	Tt
Bubo ululat. die **Eule** uhuhet.	ú ú	Uu
Lepus vagit. der **Hase** quäcket.	vá	Ww
Rana coaxat. der **Frosch** quacket.	coax	Xx
Asinus rudit. der **Esel** ygact.	y y y	Yy
Tabanus, dicit die **Breme** summet.	ds ds	Zz

Der Pädagoge Johannes Comenius (1592–1670) machte in seinen Büchern die Überzeugung deutlich, dass Sprache und Naturlaute eng zusammenhängen.

Die Menschen legen frei nach ihrem Belieben fest, ob sie *Hund* oder *Katze* zu einer bestimmten Sorte Tier sagen wollen. Oder sie sagen *dog* und *cat* oder auch *chien* und *chat*, wenn sie sich zu einer anderen Sprachgruppe als Deutsch zusammengetan haben. In jedem Fall ist der Zusammenhang zwischen dem Wort und der Sache, für die das Wort steht, beliebig. Und deshalb kann jede menschliche Sprache unendlich viel ausdrücken.

Die Sprache als Wettbewerbsvorteil

Als die Urmenschen die ersten zwei Schritte getan hatten (also Begriffe entwickeln und Wörter, die für diese Begriffe stehen), dürfte sich die Entwicklung der Sprache rasant beschleunigt haben. Als die Menschen begannen, beim Reden gemeinsam Pläne zu schmieden, hatten sie plötzlich einen enormen Vorteil gegenüber allen anderen Lebewesen. Ein Tiger ist zwar schneller und stärker als ein Urmensch und er hat größere, schärfere Zähne. Aber ein Urmensch, der sich mit anderen Urmenschen gemeinsam überlegt, wie man den Tiger in eine Falle lockt, um ihn dann mit Speeren zu töten, ist mit einem Mal dem Tiger überlegen. Und allen anderen Raubtieren auch.

In der Zeit vor rund 200 000 Jahren, als aus dem »nackten Affen« endgültig der Mensch wurde, war eine solche Überlegenheit besonders wichtig. In Afrika, das als der wichtigste Ursprungsort der Urmenschen gilt, veränderte sich damals das Klima. Savannen und Steppen breiteten sich aus, also weite Flächen, die vor allem mit hohen Gräsern bewachsen waren. Um hier Nahrung und Beutetiere zu finden, mussten die Steinzeitleute große Gebiete durchstreifen, die von gefährlichen Gegnern bewohnt waren, etwa von Säbelzahntigern.

Unter diesen Bedingungen zu überleben, ist fast unmöglich, wenn jeder stumm alleine vor sich hin lebt. Wenn sich jedoch Gruppen von 30 oder 40 Urmenschen zusammentaten und sich übers Wurzeln-Sammeln, übers Jagen und über die Verteidigung gegen wilde Tiere austauschten, dann waren sie allen anderen Lebewesen um einiges voraus.

Die Möglichkeit, ihre Gedanken durch Wörter zu ordnen, hat den Urmenschen geholfen, das Denken weiterzuentwickeln. Vielleicht hat Frau Ug irgendwann vor sich hin gemurmelt: »Wenn ich das Fleisch nicht brate, sondern in den Rauch hänge, könnte es lecker schmecken«– selbstverständlich nicht auf Deutsch, sondern mit den Wörtern, die bei der Familie Ug damals so üblich waren. Um diesen Gedanken zu entwickeln, musste sie sich nicht das Bild von Fleisch oder Rauch vor ihrem inneren Auge entwerfen, was immer etwas länger dauert. Sondern sie musste nur einzelne Wörter aneinanderfügen. So konnte sie leise sprechend recht schnell einen Gedanken entwerfen.

Dieser Gedanke hat dann vielleicht dazu beigetragen, dass Frau Ug Fleisch räucherte, wodurch es sich länger aufbewahren ließ. Wir dürfen nicht vergessen: Familie Ug hatte noch keinen Kühlschrank. Bis zu dem Einfall von Frau Ug konnte ihr Stamm also nur Fleisch essen, wenn die Jagd gerade erfolgreich gewesen war.

Als Frau Ug murmelnd die Idee des Räucherns entwickelte, hatte der Stamm plötzlich einen weiteren Vorteil. Er konnte Fleisch räuchern und damit haltbar machen. Somit konnten die Leute der Ug-Sippe auch in Zeiten einer schlechten Jagd Fleisch essen. Die Sprache hatte sich wieder als höchst nützliches Instrument erwiesen. Und die Sprache hat ihre eigene Entwicklung beschleunigt. Denn durch sie konnten die Ugs ihrem Hirn Nahrung geben – das ja eine gewisse Größe haben musste, damit die Urmenschen ordentlich sprechen lernen konnten.

Keine Sprachentwicklung ohne Klatsch und Tratsch

Aber die Forscher sind sich einig, dass unsere Vorfahren nicht nur sozusagen »geschäftliche« Besprechungen abgehalten haben. Es ging bei den ersten Sätzen der Urmenschen sicher nicht bloß darum zu planen, wie sie Mammuts erlegen oder auf die Insel gelangen konnten, deren

Umrisse sie am Horizont sahen. So wie heute die Menschen beim Frühstück, auf dem Pausenhof oder beim Friseur oft unentwegt miteinander quasseln, haben sicher auch die Urmenschen schon die ersten Worte von früh bis spät einander in die Ohren geschnattert. Professor Robin Dunbar aus Liverpool formuliert es überspitzt: »Ich schlage vor, dass sich die Sprache entwickelt hat, damit wir *tratschen* können.«

Denn eine ganz wesentliche Funktion des Sprechens ist es, dass es den sozialen Kitt liefert, der die menschliche Gesellschaft ausmacht. Und schon von ihren frühesten Formen an hat Sprache sicher dazu beigetragen, dass die Menschen eine Gesellschaft entwickeln konnten, die tausendmal vielfältiger und komplizierter ist als jedes Zusammenleben von Tieren. Und das ist eben – bei allen Gemeinsamkeiten, die es zwischen Mensch und Tier gibt – der wichtigste Unterschied zwischen dem nackten Affen und dem felligen Affen: Der eine kann sprechen und eine hochkomplizierte Gesellschaft konstruieren, der andere kann das nicht.

2. »Francine sicher sein, dass Koko reden« Oder: Können Tiere sprechen?

Was man von der älteren Dame hören kann, klingt zunächst nicht besonders aufregend. Ihr Intelligenzquotient liege bei rund 95, erklären die Betreuer, die ihr Essen bringen und sich um ihren Haushalt kümmern. Damit bleibt die ältere Dame knapp unter dem durchschnittlichen IQ von normal begabten Menschen – der beträgt 100. Die Dame kennt rund 2000 Wörter. Das entspricht dem Grundwortschatz der meisten Sprachen. Wenn es schließlich ums Lesen geht, hat sie allerdings beträchtliche Mühe. Dennoch gilt sie als außergewöhnliches Sprachgenie. Denn die ältere Dame mit dem Namen Koko ist ein Gorillaweibchen.

Koko ist in den Augen ihrer Betreuerin Francine Patterson der Beweis, dass Tiere sprechen können und es eine »Kommunikation zwischen den Arten« geben kann, wie Patterson es ausdrückt. Soll heißen: Mit Koko kann man ziemlich vernünftig reden – und das Gorillaweibchen antwortet ziemlich vernünftig. Allerdings kann nicht jeder Mensch mit der Affenfrau reden und es kann sie nicht jeder verstehen.

Schon bald nachdem Koko am 4. Juli 1971 geboren wurde, haben ihre Betreuer angefangen ihr die Zeichensprache *Ameslan* beizubringen, in der sich in den USA die meisten Gehörlosen verständigen. Langsam, aber unaufhaltsam habe sich Koko mit diesen Gesten einen immer größeren Wortschatz angeeignet, berichten ihre Tierpfleger. Nach jahrelangem Lernen sei sie schließlich so weit gekommen, dass sie alles aus-

Seit den 1970er-Jahren lernt das Gorillaweibchen Koko von ihren Trainern Zeichen der Gebärdensprache. Beispielsweise zeigt sie »essen«, indem sie ihre Fingerspitzen an die Lippen legt.

drücken könne, was sie möchte und was sie innerlich bewegt. Sogar dass sie schwanger werden und ein Baby zur Welt bringen wolle, habe Koko mitgeteilt, berichtet Francine Patterson.

Affensprache in der Wildnis

Affen kommunizieren aber nicht nur mit Menschen, die ihnen vorher Gehörlosensprache oder andere Kommunikationsformen beigebracht haben. Auch in der freien Wildbahn haben Forscher in den letzten Jahren immer neue Verständigungsformen bei Schimpansen oder Gorillas entdeckt. Die sogenannten »Menschenaffen« setzen verschiedene

Schreie, Grunzlaute, Wimmern und Kreischen ein, um ihre Gruppenmitglieder zu warnen oder auf etwas aufmerksam zu machen.

Doch auch die Grüne Meerkatze, die nicht zur höchsten Liga der Affen (also den Menschenaffen) zählt, hat verschiedene Rufe entwickelt, um ihre Artgenossen vor Raubtieren zu warnen – ganz in der Art von Wörtern, die unterschiedliche Bedeutungen haben. Wenn eine Meerkatze einen Leoparden sieht, stößt sie ein lautes Bellen aus. Die anderen Affen klettern dann schnell auf die nächstgelegenen Bäume, um sich in Sicherheit zu bringen.

Wenn eine Meerkatze hingegen eine Art Husten ausstößt, klettern ihre Artgenossen nicht auf Bäume, sondern verstecken sich unter einem Busch. Denn das Husten ist der Laut, mit dem sich Meerkatzen warnen, wenn sie Adler oder andere Raubvögel erkennen. Vor denen auf einen Baum zu fliehen, wäre keine gute Idee.

Wenn eine Meerkatze schließlich eine Schlange entdeckt, bringt sie eine Art Quieken hervor. Ihre Artgenossen stellen sich dann auf die Hinterbeine und suchen die Umgebung nach dem gefährlichen Reptil ab.

Trompeten, Grunzen, Quieken, Zwitschern – und sogar Pupsen

Affen sind selbstverständlich nicht die einzigen Tiere, die miteinander kommunizieren. Elefanten stoßen nicht nur das bekannte Trompeten aus, sondern auch Töne, die so tief sind, dass Menschen sie nicht hören. Damit halten sie in den weiten Steppen und Wäldern Afrikas und Asiens Kontakt untereinander. Und Elefantenweibchen geben auf diese Weise bekannt, wenn sie bereit sind, wieder einmal schwanger zu werden.

Auch Wale bringen höchst unterschiedliche Geräusche hervor: von Klicklauten über Stöhnen und Grunzen bis zum sogenannten Walgesang. Einige dieser Laute dienen wohl nicht der Verständigung mit anderen Walen, sondern sind eine Art Echolot. Damit erkennen die Tiere, wo sie sich gerade befinden oder wo sich potenzielle Beute aufhält. Aber ein großer Teil der Gesänge hat offensichtlich den Zweck, sich mit anderen Walen auszutauschen. Allerdings konnte diese »Sprache« noch nicht entschlüsselt werden.

Auch andere Wassertiere widerlegen das Sprichwort vom vermeintlich stummen Fisch. Einzelne Arten wie der Krötenfisch oder der Flösselhecht lassen ihre Schwimmblasen schwingen oder reiben ihre Flossen, um Geräusche zu erzeugen. Damit wollen sie augenscheinlich das andere Geschlecht auf sich aufmerksam machen oder Rivalen vertreiben. Besonders ausgefallen ist die Tonerzeugung beim pazifischen Hering. Dieser Fisch stößt in bestimmten Abständen Gasblasen aus dem Hinterteil, um sich mit anderen Fischen seiner Art zu verständigen. Was der Sinngehalt des Unterwasser-Pupsens ist, haben die Forscher allerdings noch nicht herausfinden können.

... wünschen dir ein frohes Jahr

Man muss jedoch nicht auf ferne Kontinente reisen oder abtauchen, um Tierkommunikation zu hören. Vögel machen sich in allen Teilen der Erde durch Rufe und Gesang untereinander verständlich. Besonders begabte Singvögel wie die Nachtigall beherrschen rund 200 verschiedene sogenannte »Strophen«. Und es ist nachgewiesen, dass es bei Vögeln sogar Dialekte gibt: Die Krähen in Frankreich krächzen anders als ihre Artgenossen in Polen.

Manche Vögel sind so vielfältig in ihren Ausdrucksfähigkeiten, dass sie etliche Brocken der menschlichen Sprache erlernen können. Papageien schaffen es nicht nur, einzelne Wörter nachzuahmen, sondern sie setzen sie auch gezielt ein. Der Graupapagei Alex hat von der amerikanischen Forscherin Irene Pepperberg über 100 Wörter gelernt. Auf diese Weise kann er beispielsweise »Banane«, »Stuhl«, »Wasser«, »blau« oder »rot« richtig benennen. Auch einfachen Fragen war Alex nach langem Training gewachsen. So konnte er sagen, dass ein Eisstil, der ihm gezeigt wurde, aus Holz war. Und Alex hat auch gelernt, klare Forderungen zu stellen: »Want nut!« (Will Nuss!)

Wie Maja und Willi wirklich reden

Aber auch Tiere, denen man sonst nicht besonders viel zutraut, verfügen über ausgefeilte Kommunikationssysteme: Insekten haben eine besondere Vielfalt von Signalen entwickelt, um sich etwas mitzuteilen. Glühwürmchen zeigen mit Lichtimpulsen, dass sie sich gerne fortpflanzen würden. Ameisen geben mit verschiedenen Duftsignalen 50 unterschiedliche Botschaften an ihre Artgenossen weiter – zum Beispiel, wo sich Nahrung befindet. Und Bienen können genau zeigen, welcher Nektar wo zu holen ist.

Die Entdeckung der »Bienensprache« hat im Jahre 1912 für besonderes Aufsehen unter Biologen gesorgt. Denn der Naturforscher Karl von Frisch konnte nachweisen, dass sich die Honigbienen mit einem erstaunlich ausgeklügelten Kommunikationssystem untereinander austauschen. Das galt damals als revolutionärer Gedanke. Doch Frisch hat zweifelsfrei bewiesen: Wenn eine sogenannte Kundschafter-Biene eine vielversprechende Nahrungsquelle entdeckt hat, macht sie ihren Genossinnen im Bienenstock mit einer Art Sprache zwei Dinge klar: erstens, dass es sich lohnt, zu dieser Nahrungsquelle zu fliegen, und zweitens, wo sie liegt.

Dazu quasselt die Kundschafter-Biene aber nicht drauflos, wie es die Fantasiefigur der Biene Maja oder ihr Freund Willi machen würden. Vielmehr bieten die echten Bienen ihren Artgenossen erst einmal etwas von dem gefundenen Nektar oder Pollen an, damit sich die anderen Bienen von der Qualität überzeugen können. Dann führt die Kundschafterin einen Tanz auf. Wenn das Futter nicht weiter als 100 Meter entfernt ist, begnügt sie sich mit einem einfachen Rundtanz. Wenn das Flugziel weiter entfernt liegt, zeigt sie einen Tanz in Form einer Acht.

Dieser »Schwänzeltanz« enthält zwei wichtige Informationen: Je nachdem, wie schnell der Tanz aufgeführt wird, wissen die anderen Bienen die Entfernung des Ziels: je schneller der Tanz, desto näher das Ziel. Die Richtung des Tanzes zeigt zudem die Lage der Futterquelle an. Denn der Winkel, den der Tanz zur Senkrechten hat, entspricht dem Winkel der Futterquelle zur Sonne.

Die Tänze der Bienen erfüllen nach Ansicht etlicher Forscher viele Eigenschaften, die ein Kommunikationssystem erfüllen muss, damit es als echte »Sprache« gelten kann:

– Der Bienentanz übermittelt Nachrichten: Die eine Biene teilt den anderen Tieren mit, dass es in der Nähe Nahrung gibt und dass es sich lohnt, dorthin zu fliegen.
– Der Bienentanz bezieht sich auf etwas, das entfernt ist: Die Kundschafterin bringt nicht einen Sack voll Blüten in den Bienenstock, damit ihre Kolleginnen die Blüten bei sich zu Hause leer saugen, sondern sie macht ihnen klar, dass es hundert, tausend oder zweitausend Meter *entfernt* die vielen guten Blüten gibt.

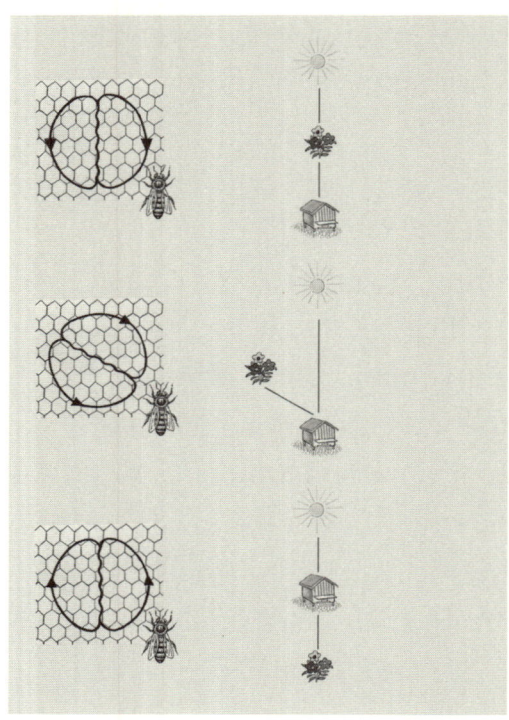

Bienen zeigen durch Tanzbewegungen, wo sich Nahrung finden lässt.

– Der Bienentanz funktioniert durch Symbole: Die Biene nimmt nicht ihre Kolleginnen bei den Füßchen und stößt sie in die Richtung, in die sie fliegen müssen, sondern zeigt durch die Art und Weise ihres Tanzes die Richtung und die Entfernung an.

Sprache mit Einschränkungen

Allerdings gibt es auch eine ganze Menge Unterschiede zwischen der Bienensprache und der menschlichen Sprache: Der Bienentanz ist auf sehr wenige mögliche Informationen beschränkt. Die Kundschafterin kann ihren Kolleginnen zum Beispiel nicht klarmachen: »Ich habe einen Bären gesehen, der unseren Honig klauen will. Fliegt raus und stecht ihn in die Nase!« Für solche Botschaften fehlen der Biene sozusagen die Worte.

Ähnlich ist es mit anderen Kommunikationsformen der Tiere: Sie sind alle ausgesprochen beschränkt. Der mitunter sehr vielfältige Gesang zahlreicher Vögel hat im Prinzip nur recht einfache Funktionen. Er soll Rivalen aus dem eigenen Revier fernhalten. Und männliche Sänger wollen den Weibchen zeigen: »Ich bin der Größte, Schönste, Beste – mit mir lohnt es sich, eine Familie zu gründen.« Mehr gibt kein Vogelgesang her. Oder wie es der amerikanische Sprachforscher Michael Corballis ausdrückt: »Vögel singen charakteristische Lieder so ziemlich aus dem gleichen Grund, aus dem menschliche Nationen charakteristische Flaggen hissen oder Nationalhymnen spielen.« Und das Hochziehen einer Flagge würde wohl kaum jemand als Sprache bezeichnen.

»Lass uns drüber reden« gibt es bei Tieren nicht

Das Gleiche gilt für die Grünen Meerkatzen, deren unterschiedliche Rufe ihnen viel Bewunderung bei Biologen eingebracht haben. Diese Affen können zwar mit verschiedenen »Wörtern« vor verschiedenen Gefahren warnen und damit ihre Artgenossen zu entsprechendem Verhalten bringen. Doch eines können die Meerkatzen nicht: *über* Leoparden, Adler oder Schlangen »reden«, wenn diese Tiere gerade nicht da sind.

Keine Meerkatze kommt auf die Idee, abends beim Sonnenuntergang »Leopard« zu rufen, weil sie sich daran erinnert, wie sie beim Sonnenaufgang ein solches Raubtier gesehen hat. Und es ist auch gut, dass die Meerkatze den Ruf »Leopard« nicht einfach so in den Mund nimmt. Denn wenn sie es täte, würden alle anderen Meerkatzen in Panik davonlaufen. Schließlich ist in ihren Köpfen fest einprogrammiert: »Wenn ich den Leopardenruf höre, dann nichts wie rauf auf den nächsten Baum.« Es wäre so ähnlich, als ob jemand auf einer Party um Feuer zum Anzünden seiner Zigarette bittet – und alle Anwesenden rennen weg, sobald sie das Wort »Feuer« hören, weil sie denken, es brennt.

Oder gibt es doch Tiere, die »drüber reden«?

Seit Ende der 60er-Jahre gibt es allerdings eine ganze Reihe von Forschern, die sehr wohl der Ansicht sind, dass manche Tiere ähnlich mit Sprache umgehen können wie der Mensch. Damals begannen vor allem in den USA Wissenschaftler damit, Affen sprachliche Zeichen beizubringen, um mit ihnen kommunizieren zu können.

So lernte das Affenweibchen Washoe nach Ansicht ihrer Betreuer rund 130 Symbole der amerikanischen Gehörlosensprache. Damit soll sie Sätze gebildet haben wie »Baby in meinem Getränk«, als man ihr eine kleine Puppe und einen Trinkbecher zeigte. Da ihr niemand je zuvor genau diesen Satz gesagt oder gezeigt hatte, zogen ihre Betreuer einen klaren Schluss: Washoe müsse die Wörter selbst auf eine kreative Weise zusammengefügt haben. Sie habe den Satz nicht einfach nachgeahmt. Und das sei der Beweis für echtes sprachliches Verständnis, meinten Washoes Tiertrainer Beatrice und Allen Gardner.

Der Bonobo-Schimpanse Kanzi wurde auf eine andere Weise trainiert: Seine Betreuer haben ihm insgesamt 256 verschiedene abstrakte Symbole beigebracht, die auf einer großen Tafel angeordnet sind. Wenn Kanzi etwas äußern will, zeigt er auf die entsprechenden Symbole, außerdem macht er Gesten. Schließlich versucht er auch Worte auszusprechen, behauptet seine Betreuerin Sue Savage-Rumbaugh. In Kanzis Sprache hätten die Äußerungen »Ennn«, »Ii-angh«, »Whai«, »Unnn« unterschiedliche Bedeutungen.

Gleichzeitig verstehe Kanzi gesprochenes Englisch, ist sich Savage-Rumbaugh sicher. Dafür gebe es klare Beweise. Einmal habe sie mit Kanzi gemeinsam einen anderen Affen namens Austin besucht, der gerade ein Gebäck zu essen bekam. Kanzi hatte eine Monstermaske dabei, mit der er gerne spielte. Aber er wollte auch etwas von Austins Gebäck haben. Seine Betreuerin sagte ihm deshalb: »Kanzi, wenn du Austin deine Gruselmaske gibst, gebe ich dir etwas von Austins Gebäck.« Danach sei die Szene so weitergegangen: »Sofort ergriff Kanzi die Maske und gab sie Austin, dann zeigte er auf das Gebäck. Kanzi hatte verstanden.«

Die Forscherin liefert viele tatsächliche oder vermeintliche Beweise

Die Biologin Sue Savage-Rumbaugh hat schon mehreren Schimpansen beigebracht, sich über eine Tafel mit Symbolen (»Lexigramme«) verständlich zu machen.

für das enorme Sprachverständnis des Bonobo-Schimpansen: Einmal habe sie mit einem Tierpfleger darüber geredet, ob jemand im Affenhaus das Licht angelassen hätte. Kanzi, der ebenfalls im Raum war, habe daraufhin den Lichtschalter angestarrt. Für Savage-Rumbaugh war das der Beweis, dass der Affe weit mehr von der Menschensprache verstehe, als die Menschen glaubten. Die Forscherin sieht darin eine »geradezu unheimliche Fähigkeit, Unterhaltungen zu *lauschen*«.

Übertreiben die »Schimpansologen«?

Die Siegerin im Wettstreit der sprechenden Affen ist aber – zumindest in den Augen ihrer Betreuer – das Gorillaweibchen Koko. Sie beherrscht nach Ansicht ihrer Trainerin Francine Patterson nicht nur rund 2000 Gesten der amerikanischen Gehörlosensprache, sondern lernt derzeit angeblich sogar das Alphabet und kann gedruckte Wörter lesen. Und sie lache gerne über eigene und fremde Witze.

Andere Wissenschaftler halten allerdings die tatsächlichen oder vermeintlichen Sprachkenntnisse von Koko für kaum nachprüfbar und unglaubwürdig. Denn die Art, wie Koko Gehörlosengebärden zeigt, ist für Außenstehende schwer oder gar nicht zu verstehen. Es muss alles von ihrer Betreuerin erst einmal »übersetzt« werden.

Deshalb gilt für Koko nach Ansicht vieler Zweifler das Gleiche wie für die ältere Affenfrau Washoe. Deren Betreuern wurde vorgeworfen, sie hätten jede Bewegung des Tiers für eine Geste gehalten, also für eine sprachliche Äußerung. Ein Kritiker, der die Gehörlosensprache beherrschte, aber Washoe beim besten Willen nicht verstand, beschwerte sich über ihre Trainer: »Jedes Mal wenn der Schimpanse den Finger in den Mund steckte, sagten sie: *Oh, er macht die Gebärde für trinken.*«

Und bei der Gorilladame Koko ist eindeutig, dass ihre Betreuerin niemals den geringsten Zweifel an der Genialität ihrer Affenfreundin haben würde. Francine Patterson gibt offen zu, dass sie ihre Koko verhätschelt wie andere Menschen ihre Kleinkinder. Zum 30. Geburtstag der Gorillafrau gab es beispielsweise Apfelsprudel aus rosafarbenen und blauen Kelchen. Neben einem Geburtstagskuchen wurden Tofu-Burger serviert. Die Affenmama Patterson schreibt über das Geburtstagsmenü: »Es war nicht allzu anders als das, was viele unserer Nachbarn zum vierten Geburtstag ihrer Kinder reichen.« Bei so viel Begeisterung ist klar, dass Francine Patterson keine wissenschaftlich-kritische Distanz zu den Fähigkeiten ihrer Koko hat.

Endgültig zum Gespött für viele Wissenschaftler wurde Koko, als zwei frühere Tierpflegerinnen vor Gericht zogen. Der Grund: Sie sollen von Patterson gedrängt worden sein, vor dem Gorillaweibchen ihre Brüste zu entblößen. Denn Koko liebe es, menschliche Brustwarzen zu sehen, hieß es. Die Pflegerinnen waren empört und reichten eine Klage in Millionenhöhe ein.

Auch Sue Savage-Rumbaugh und ihr Bonobo-Schimpanse Kanzi werden in der Fachwelt kritisch beäugt. Savage-Rumbaugh muss sich immer wieder als »Schimpansologin« verspotten lassen. Angesehene wissenschaftliche Zeitschriften lehnten ihre Artikel ab mit der Begründung: »Übermäßig begeisterte Überinterpretation«.

Weiß ein Tier, dass ich weiß, was das Tier weiß?

Viele Wissenschaftler haben vor allem *ein* großes Problem mit den Ergebnissen der »Schimpansologen-Forschung«: Es fehlt der Nachweis, dass Gorillas oder Schimpansen eine echte Vorstellung von Grammatik haben. Aber die Möglichkeit, durch unterschiedliche Satzstellungen völlig unterschiedliche Ideen zu transportieren, ist die wichtigste Eigenschaft der menschlichen Sprache. Die Betreuer von Washoe, Kanzi oder Koko beteuern zwar, ihre Schützlinge hätten sehr wohl ein Gefühl für Grammatik. Ihre Kritiker sehen die Belege dafür jedoch nicht als stichhaltig an.

Der amerikanische Forscher Herbert Terrace kam nach langen Bemühungen, einem Schimpansen namens Nim Zeichensprache beizubringen, zu einem ernüchternden Ergebnis. Nim habe zwar Äußerungen von sich gegeben wie »Geben Orange mir geben essen Orange mir essen Orange geben mir essen Orange geben mir du«. Mit Grammatik habe das jedoch nicht viel zu tun, meint der Wissenschaftler.

Eine ganz wesentliche Voraussetzung zur menschlichen Sprache fehle allen Tieren, erklären die Kritiker der »Schimpansologen«. Damit man Sprache wirklich sinnvoll und kreativ verwenden kann, muss man sich in seinen Gesprächspartner hineinversetzen können. Der Zauberspruch für gelungene Kommunikation auf menschlichem Niveau heißt also: »Ich weiß, dass du weißt, dass ich weiß …« Doch Affen und andere Tiere tun sich mit dem Wissen über das, was andere wissen, ziemlich schwer.

Der Wissenschaftler Brian Hare vom Leipziger Max-Planck-Institut für evolutionäre Anthropologie dämpft deshalb die Erwartungen an eine »Kommunikation zwischen den Arten«, von der die Gorillatrainerin Francine Patterson redet. »Wenn ich nicht zumindest eine grobe Theorie darüber aufstellen könnte, was mein Gesprächspartner bereits weiß und was nicht, wäre jedes Gespräch zum Scheitern verurteilt«, sagt er.

So wird Dr. Doolittle, der die Sprache der Tiere verstand, wohl ebenso eine Fantasiefigur bleiben wie Professor Habakuk Tibatong, der dem Dinosaurierbaby Urmel das Sprechen beibrachte.

Interessante Internet-Adressen:

Walgesang als Soundfile:

http://www.wdr5.de/mobydick/index.phtml?id=WISSENSWER
TES=WALGESANG#

http://www.whalesong.info

Gorillarufe als Soundfile:

http://www.berggorilla.de

Die offizielle Homepage der Gorilladame Koko:

http://www.koko.org

3. »Tik« – vielleicht das älteste Wort der Menschheit
Oder: Gab es eine Ursprache?

Die Mitglieder der Asiatick Society of Bengal waren nicht weiter überrascht, als ihr Kollege Sir William Jones am 2. Februar 1786 wieder einmal eine besonders anspruchsvolle Rede hielt. Jones galt als ausgesprochen klug und gebildet. Er beherrschte 13 Sprachen und kannte sich in 28 weiteren einigermaßen gut aus. Schon als er 22 Jahre alt war, hatte er einen umfangreichen Text vom Persischen ins Französische übersetzt – und das als Engländer!

Jones arbeitete eigentlich als Richter am obersten Gerichtshof der indischen Großstadt Kalkutta. Aber seine besondere Leidenschaft galt der Frage, wie die Menschen ihre Gedanken ausdrücken. In seiner Rede zum dritten Jahrestag der Gründung der Asien-Gesellschaft von Bengalen beschäftigte er sich deshalb mit den Ähnlichkeiten zwischen verschiedenen Sprachen. Er ahnte damals wohl nicht, dass er damit die Sprachwissenschaft auf eine völlig neue Grundlage stellen würde.

Doch wie sich später zeigte, war die Rede von Sir William Jones bahnbrechend. Sie hat allen Sprachwissenschaftlern seiner Zeit und späterer Jahrhunderte den entscheidenden Hinweis gegeben, in welche Richtung sie forschen müssen, wenn sie sich für die Herkunft der Sprachen interessieren. Die alt-indische Sprache Sanskrit habe mit Latein und Griechisch so viele Ähnlichkeiten, dass diese Sprachen »alle aus einer gemeinsamen Quelle stammen müssen«, stellte Sir Jones fest. Und er ergänzte, dass wohl ebenso Keltisch und Gotisch mit dem Alt-Indischen verwandt seien.

Eine revolutionäre Erkenntnis

Eine solche Feststellung war im späten 18. Jahrhundert geradezu umstürzlerisch. Dass Englisch und Deutsch viele Ähnlichkeiten haben, war schon damals allen Gelehrten geläufig. Auch die Ähnlichkeiten zwischen dem Italienischen und dem Spanischen waren durchaus bekannt. Doch die Sprachwissenschaftler wussten diese Gemeinsamkeiten nicht recht einzuordnen. Sie saßen vor einem Puzzle, dessen Teile sie nicht zusammenfügen konnten.

Durch viele Köpfe geisterte noch eine Vorstellung, die aus der Bibel stammte und von den christlichen Kirchen fleißig verbreitet wurde: Als Gott die Menschheit erschuf, gab es keine Sprachbarrieren. »Es hatte aber alle Welt einerlei Zunge und Sprache«, heißt es im Ersten Buch Mose. Als dann später die Menschen einen Turm »bis an den Himmel« bauen wollten, war Gott darüber verärgert, heißt es in der Bibel weiter. Denn der Himmel sollte ihm und den Engeln vorbehalten bleiben. Der Schöpfer ahndete den *Turmbau zu Babel* deshalb mit einer raffinierten Strafe: »Lasst uns herniederfahren und dort ihre Sprache verwirren, dass keiner des andern Sprache verstehe!« Damit war der Turmbau laut Bibel beendet, denn die Menschen verstanden sich ja nicht mehr.

Die biblische Überlieferung stellte gläubige Sprachforscher späterer Zeiten jedoch vor ein Problem. Denn in der Heiligen Schrift ist keine Rede davon, dass Gott aus der *einen* Menschensprache erst einmal ein Dutzend andere Sprachen gemacht hat, aus denen sich über die Jahr-

Der »Turmbau zu Babel« – hier ein Bild von Pieter Bruegel d. Ä. aus dem Jahr 1563 – verärgerte nach der Überlieferung der Bibel Gott so sehr, dass er den Menschen eine Strafe schickte: Keiner verstand mehr den anderen.

hunderte hinweg wieder andere Sprachen entwickelten, die sich dann weiter in andere Sprachen verwandelten – bis die Hunderte und Tausende von Sprachen entstanden waren, die wir heute kennen. Nach der Bibel haben die Sprachen der Welt die gleiche Geburtsstunde, Latein und Italienisch wären also im gleichen Moment entstanden.

Deshalb war die Idee von Sir William Jones so revolutionär. Er kümmerte sich nicht um den Wortlaut der Bibel, sondern stellte als Erster fest, dass es Sprachfamilien gibt, in denen Tochtersprachen aus einer gemeinsamen älteren Vorstufe hervorgegangen sind. Das Wort für »Vater« zeigt in verschiedenen Sprachen deutlich die gemeinsame Herkunft:

Beispiel: Parallelen beim Wort für »Vater«

Sanskrit	Altgriechisch	Latein	Altirisch	Gotisch
piter	patér	pater	athir	fadar

Grausame Menschenversuche

Die Frage, welche Sprache Gott ursprünglich den Menschen gegeben hatte, beschäftigte lange Zeit viele kluge Köpfe. Um eine Antwort zu bekommen, gingen sie manchmal radikal vor. Über Kaiser Friedrich II. von Hohenstaufen wird berichtet, er habe im Mittelalter Kinder aufziehen lassen, mit denen niemand sprechen durfte. So wollte Friedrich herausfinden, ob sie anfangen würden, Hebräisch zu sprechen, wie er vermutete. Schließlich war das die Sprache des Heiligen Landes. Auch Latein, Griechisch oder Arabisch habe der Kaiser für denkbar gehalten, schrieben Zeitgenossen. Allerdings sollen die Kinder alle gestorben sein. Lange zuvor soll der ägyptische Pharao Psammetich ein ähnliches Experiment unternommen haben. Ebenso ist vom schottischen König Jacob IV. überliefert, er habe im 16. Jahrhundert Kinder von einer stummen Frau auf einer kleinen Insel aufziehen lassen.

Die Gesetzes-Entdecker

Viele Gelehrte in verschiedenen Ländern griffen die Ideen von Sir Jones begierig auf. In Deutschland machte sich beispielsweise Jacob Grimm Gedanken über die Verwandtschaft, die das Deutsche mit dem Englischen und mit anderen Sprachen verbindet. Grimm ist heute vor allem durch die Märchen bekannt, die er gemeinsam mit seinem Bruder Wilhelm sammelte. Er war aber auch einer der begabtesten Sprachforscher seiner Zeit (siehe Kapitel 10), und er erkannte, dass es bei der Verwandtschaft von Sprachen klare Regelmäßigkeiten gibt.

So beschrieb Grimm im Jahr 1822 als Erster, dass dort, wo bei einem Wort einer alten Sprachstufe ein »p« am Anfang stand, in den germanischen Sprachen meist ein »f« gesprochen wird. Während es im Lateinischen *pater* heißt, sagten die alten Goten *fadar*. Dementsprechend heißt es heute im Englischen *father* und im Deutschen »Vater«. Das Gleiche lässt sich auch bei vielen anderen Wörtern beobachten:

Der deutsche Sprachgelehrte Jacob Grimm formulierte als Erster sogenannte Lautgesetze, nach denen sich Sprachen verändert haben.

44

Latein	pater	pes	piscis
Englisch	father	foot	fish
Deutsch	Vater	Fuß	Fisch

Weil viele Lautverwandtschaften zwischen verschiedenen Sprachen sehr regelmäßig verlaufen, wurden sie ab dem 19. Jahrhundert als »Gesetze« bezeichnet – zum Beispiel als »Grimm'sches Gesetz«. Es beschreibt die Beziehung zwischen den germanischen Sprachen wie Englisch und Deutsch und älteren Vorformen (siehe auch Kapitel 8).

Aber auch bei anderen Sprachen ließen sich Gesetze erkennen. So ist eindeutig, dass das spanische Wort *bueno* (gut) und das italienische *buono* aus dem lateinischen *bonum* entstanden sind. Im Spanischen wurde aus dem »-o-« ein »-ue-«, im Italienischen ein »-uo-«. Genau die gleiche Entwicklung lässt sich auch bei vielen anderen Wörtern beobachten:

Latein	bonum (gut)	rota (Rad)	focus (Herd)
Spanisch	bueno	rueda	fuego
Italienisch	buono	ruota	fuoco

Auf den Spuren einer untergegangenen Sprache

Mithilfe dieser Gesetze, die die Sprachwissenschaftler im 19. und 20. Jahrhundert immer besser erforschten, konnten sie genau beschreiben, wie sich Deutsch, Englisch oder Dänisch aus dem Germanischen entwickelt haben. Oder auch, wie Spanisch, Italienisch oder Französisch aus dem Lateinischen entstanden sind. Die Linien, die sich daraus zeichnen lassen, erlaubten aber auch noch einen Blick weiter zurück in die Vergangenheit. Die Sprachwissenschaftler rekonstruierten Stück für Stück die »gemeinsame Quelle«, von der Sir William Jones 1786 gesprochen hatte. Diese »Ursprache« wurde vor allem in Deutschland zunächst *Indogermanisch* genannt. Heute ist üblicherweise die Rede von *Indoeuropäisch*. Über 140 Sprachen in Europa und Asien gehen darauf zurück.

Untersuchungen lassen keinen Zweifel daran: Mehrere Dutzend Sprachen in Europa und Asien haben sich aus einer gemeinsamen Ursprungssprache entwickelt.

Inzwischen sind sich die Forscher einig, dass diese Ursprache vor rund 6000 Jahren gesprochen wurde. Wo genau das Volk lebte, das sich in dieser Sprache unterhielt, ist umstritten. Es gibt Hinweise darauf, dass das Indoeuropäische in den Steppen des heutigen Russland seinen Ursprung hat. Einige Forscher glauben allerdings, dass die indoeuropäische Sprachfamilie eher im Zentrum der heutigen Türkei zu Hause war.

Auch wie das Indoeuropäische genau gesprochen wurde, lässt sich nicht hundertprozentig sagen. Denn es gibt keine schriftlichen Überlieferungen. Mithilfe der Lautgesetze haben Sprachforscher dennoch weit über tausend Wörter rekonstruiert. Weil man nicht sicher ist, ob diese Wörter wirklich genau so ausgesprochen wurden, werden sie mit einem Sternchen markiert. So sind die Forscher überzeugt, dass die modernen Wörter »Vater«, *father* (Englisch), *padre* (Spanisch, Italienisch), *père* (Französisch), *pai* (Portugiesisch) alle auf ein indoeuropäisches Wort zurückgehen, das in etwa so geklungen haben müsste: *pötér*.

Die Wörter »Wasser«, *water* (Englisch), *hydor* (Altgriechisch) gehen auf *yotor* zurück. Die Wörter »Rad«, *rátha* (Altindisch), *rueda* (Spanisch), *ruota* (Italienisch) lassen sich auf *rotho* zurückführen.

Eine Fabel aus lange vergangener Zeit

Der deutsche Sprachforscher August Schleicher hat 1868 sogar eine kleine Geschichte ins Indoeuropäische übersetzt. Auf Deutsch lautet der Text so:

Ein Schaf, das keine Wolle mehr hatte, sah Pferde, eines einen schweren Wagen fahrend, eines eine große Last, eines einen Menschen schnell tragend. Das Schaf

47

sprach: Das Herz wird mir eng, wenn ich sehe, dass der Mensch die Pferde antreibt. Die Pferde sprachen: Höre, Schaf, das Herz wird uns eng, weil wir gesehen haben: Der Mensch, der Herr, macht die Wolle der Schafe zu einem warmen Kleid für sich und die Schafe haben keine Wolle mehr. Als es dies gehört hatte, bog das Schaf auf das Feld ein.

Vor 6000 Jahren hätte die Fabel nach Ansicht des Forschers so geklungen:

Avis, jasmin varnâ na â ast, dadarka akvams, tam, vâgham garum vaghantam, tam, bhâram magham, tam, manum âku bharantam. avis akvabhjams â vavakat: kard aghnutai mai vidanti manum akvams agantam. akvâsas â vavakant: krudhi avai, kard aghnutai vidvant-svas: manus patis varnâm avisâms karnauti svabhjam ghar-mam vastram avibhjams ka varnâ na asti. tat kukruvants avis agram â bhugat.

Allerdings sind Wissenschaftler später zu dem Ergebnis gekommen, dass sich der Pionier August Schleicher in einigen Punkten geirrt hat, vor allem was die Grammatik und die genaue Aussprache des Indoeuropäischen angeht. Hundert Jahre nach ihm, im Jahr 1979, haben deshalb die Sprachforscher Winfried Lehmann und Ladislav Zgusta die Geschichte von den Schafen und den Pferden auf Indoeuropäisch neu erzählt, und zwar so:

[Gwarei] owis, kwesyo wlhna ne est, ekwons espeket, oinom ghe gwrum woghom weghontm, oinomkwe megam bhorom, oinomkwe ghmenm oku bherontm. Owis nu ekwobh(y)os ewewkwet: Ker aghnutoi moi ekwons agontm nerm widntei. Ek-wos tu ewewkwont: Kludhi, owei, ker aghnutoi nsmei widntbh(y)os: ner, potis, owiom r wlhnam sebhi gwhermom westrom kwrneuti. Neghi owiom wlhna esti. Tod keklu-wos owis agrom ebhuget.

Immer weiter zurück in die Vergangenheit

Es ist in der Sprachwissenschaft also weitgehend anerkannt, dass man von den europäischen und indischen Sprachen halbwegs sicher auf eine gemeinsame Vorläufersprache zurückschließen kann, die vor rund 6000 Jahren gesprochen wurde. Einige Forscher gehen mit der gleichen Argumentation aber noch einen Schritt weiter. So glaubt beispielsweise der russische Sprachhistoriker Aaron Dolgopolsky, dass es vor rund 12 000 Jahren eine Sprache gab, aus der sich das Indoeuropäische entwickelt hat. Auf diese Sprache, die die Forscher *Nostratisch* nennen, sollen noch fünf weitere Sprachfamilien zurückgehen:

– die *drawidischen* Sprachen, die in Südindien gesprochen werden;
– die *uralischen* Sprachen (z. B. Finnisch, Ungarisch);
– die *altaischen* Sprachen (z. B. Türkisch und Mongolisch);
– die *kartvelischen* Sprachen des Südkaukasus (z. B. Georgisch);
– die *afro-asiatische* Sprachfamilie (z. B. Arabisch).

Die Nostratisch-Forscher sind überzeugt, dass sich Wörter wie das deutsche »Wasser«, englisch *water* oder russisch *wod* nicht nur auf eine indoeuropäische Wurzel **yotor* zurückführen lassen. Vielmehr gebe es eine noch tiefere Wurzel. Danach sollen die Menschen vor 12 000 bis 15 000 Jahren *wete* gesagt haben, wenn sie Wasser meinten. Die Anhänger dieser Forschungsrichtung sind sogar sicher, dass sie das Nostratische als komplette Sprache rekonstruieren können.

Und einige Wissenschaftler gehen noch weiter bei der Suche nach Gemeinsamkeiten und bei der Anwendung von Lautgesetzen. Der Amerikaner Merrit Ruhlen ist überzeugt, dass er bei einer aufwendigen Suche in vielen hundert Sprachen auf der ganzen Erde eine Reihe von Elementen einer »Welt-Ursprache« herausgefiltert hat. Es ließen sich auf allen Kontinenten einige Übereinstimmungen finden, egal wie unterschiedlich die Sprachen auf den ersten Blick erscheinen, meint Ruhlen.

Umstrittene Spurensuche

Mithilfe solcher Übereinstimmungen lasse sich zurückrechnen, wie es geklungen habe, als die Steinzeitmenschen vor rund 100 000 Jahren begannen, etwas zu entwickeln, das man Sprache nennen kann. Merrit Ruhlen ist beispielsweise sicher, dass die ersten Menschen *tik* sagten, wo heute im Deutschen das Wort »eins« verwendet wird. Und wenn die Urmenschen »eins« *zeigen* wollten, hoben sie den Zeigefinger nach oben. Die Spuren dieses Urwortes finden sich auf der ganzen Welt, glaubt Merrit Ruhlen:

Sprache	Wort	deutsche Bedeutung
Indoeuropäisch	*deik	zeigen (das deutsche Wort ähnelt *deik auffällig); im Lateinischen digitus (Finger), daraus wiederum im Französischen doigt
Japanisch	te	Hand
Eskimo	tiq	Zeigefinger
Türkisch	tek	einzeln
Yagua (südamerikanische Indiosprache)	teki	eins
Altchinesisch	t'iek	einzeln, eins
»Welt-Ursprache«	*tik	eins

Es gibt allerdings viele Sprachwissenschaftler, die diese Methode für sehr fragwürdig halten. Nach der allgemeinen Lehrmeinung ist jede Rekonstruktion, die über die vergangenen 6000 Jahre hinausgeht, reine Spekulation. Deswegen haben die meisten Sprachwissenschaftler für die Bemühungen, sich auszudenken, wie eine Ursprache geklungen haben könnte, nur ein Schulterzucken übrig: »Kann sein, kann aber auch nicht sein.«

4. Dreitausend, fünftausend, zehntausend – wer bietet mehr?
Oder: Wie viele Sprachen gibt es auf der Erde?

Es wäre eine ziemlich fiese Frage für ein Quiz: Wie viele Sprachen werden in den Ländern gesprochen, die ein Reisender durchquert, wenn er von Portugal halbwegs direkt nach Deutschland fährt? Viele Quiz-mitspieler würden sich eine Landkarte vors innere Auge rufen und an einer Hand abzählen: Portugal – Portugiesisch, Spanien – Spanisch, Frankreich – Französisch, Deutschland – Deutsch. Klare Antwort: vier Sprachen.

»Na, na«, könnte da der Quizmaster sagen: Sind es nicht vielleicht 40? Und dann könnte er hämisch grinsend loslegen und erklären, dass in Portugal nicht nur Portugiesisch gesprochen wird, sondern auch die wenig bekannte Sprache Mirandesa. Oder das Galizische. Und schließlich Asturianisch. Und in Spanien erst: Da gibt es Aragonesisch, Extremeño, Caló, Baskisch, Katalanisch, Aranés – in einigen dieser Sprachen werden sogar eigene Fernsehprogramme ausgestrahlt.

Und das vermeintlich so einheitliche Frankreich überrascht mit Minderheitensprachen wie Okzitanisch, Bretonisch, Korsisch oder Provenzalisch, könnte der Quizmaster erklären. Auch für Deutschland zählt der angesehene Sprachenkatalog »Ethnologue« neben dem Deutschen eine ganze Reihe weiterer Sprachen auf: Alemannisch, Bairisch, Ostfriesisch, Nordfriesisch, Kölsch, Letzeburgisch, Plautdietsch, Sorbisch – um nur einige zu nennen.

Klare Frage – ungenaue Antwort

Der kluge Quizteilnehmer wird auf die Frage nach den Sprachgebieten auf der Fahrt von Portugal nach Deutschland also wissend lächeln und antworten: »Kommt drauf an.« Und die gleiche Antwort wird er geben, wenn man ihn fragt, wie viele Sprachen es denn auf der ganzen Welt gibt: »Kommt drauf an.« Und zwar darauf, wie man zählt.

Je nach Zählweise kommen die meisten Wissenschaftler auf 4000 bis 6000 Sprachen, die derzeit weltweit gesprochen werden. Die niedrigste Schätzung geht von 3000 aus, die allerhöchste kommt auf 10 000. Auf die Frage, warum die Fachleute sich so schwertun, die Sprachen zu zählen, gibt es eine etwas eindeutigere Antwort: Es herrscht keine Einigkeit darüber, was eine Sprache ist.

Eine Sprache – oder drei? Ansichtssache!

»Zwei Leute sprechen zwei verschiedene Sprachen, wenn sie sich nicht verstehen« – so lautet die landläufige Meinung, wie man Sprachen zählen müsste. Doch ganz so einfach ist es nicht. Man könnte sich den Fall eines Ehepaars aus Hamburg vorstellen, das in Bayern auf Urlaub ist: Die Ehefrau, die ein gutes Einfühlungsvermögen und ein feines Ohr hat, wird den Diskussionen in einem bayerischen Wirtshaus folgen können. Ihr Ehemann, der sich da schwerer tut, hingegen nicht. Ist es nun eine eigene Sprache, was die bayerischen Stammtischbrüder reden?

Ein Vertreter des Fördervereins für die bairische Sprache wird ganz klar sagen: »Ja!« Oder vielleicht: »Gwieß is des a eigne Sproch!« Die meisten Sprachwissenschaftler werden hingegen sagen: »Nein. Bairisch ist keine eigene Sprache, sondern ein Dialekt der deutschen Standard-sprache.« Zum Beweis werden die Forscher etwa darauf verweisen, dass die Bayern die gleichen Zeitungen, Zeitschriften und Bücher lesen wie die Friesen oder Kölner. Es gibt keine »BRAVO« und keinen »SPIEGEL« auf Bairisch. In Rosenheim und Passau werden bundesweit erscheinen-de Magazine genauso gut verstanden wie in Hamburg und Aachen. Und wenn sich Bayern, Friesen und Kölner Mühe geben, werden sie sich auch mündlich untereinander verständlich machen können.

Geschichtliche und politische Zufälle

Allerdings könnte sich die Sache anders darstellen, wenn sich die Ge-schichte anders entwickelt hätte. So sind das Niederländische und das Ostfriesische eigentlich nicht besonders verschieden. Aber weil irgend-wann der selbstständige Staat Niederlande gegründet wurde, galt fortan die Verständigungsform der Bürger dieses Staates auch als eigenstän-dige Sprache.

Nach Ansicht vieler Sprachforscher könnte man auf dem skandina-vischen Festland im Prinzip von einer einzigen Sprache reden – wenn es nur danach ginge, ob sich die Menschen untereinander verstehen. Diese Sprache könnte »Festlands-Skandinavisch« heißen. Denn Schweden, Nor-weger und Dänen können sich – mit etwas gutem Willen – einigermaßen austauschen. Doch es gibt eben verschiedene Staaten. Folglich gibt es offi-ziell auch verschiedene Sprachen: Schwedisch, Norwegisch, Dänisch.

Noch augenfälliger ist der politische Einfluss im ehemaligen Jugos-lawien. Bevor der Staat zerfiel, konnte man überall lesen, dass es *eine* Sprache namens »Serbokroatisch« gebe. Heute pochen Kroaten und Serben darauf, dass sie unterschiedliche Sprachen sprechen.

Auch Touristen in Spanien sind immer wieder überrascht, wie sehr Einheimische ihre sprachlichen Eigenheiten betonen – die Katalanen beispielsweise. Dass das Katalanische eine eigene Sprache ist, die sich vom Spanischen deutlich unterscheidet, daran hat niemand Zweifel. Und wo dieses Katalanisch gesprochen wird, galt lange Zeit ebenfalls als klar: von den Pyrenäen über den Großraum Barcelona und dann die Mittelmeerküste entlang bis hinunter nach Alicante, dazu noch auf den Mittelmeerinseln Mallorca, Menorca, Ibiza und Formentera.

Doch in letzter Zeit bestehen viele Einwohner Mallorcas darauf, dass ihr Katalanisch etwas ganz anderes sei als das, was auf dem Festland gesprochen wird: *Mallorquí*. Und auch die Bewohner Valencias behaupten steif und fest, ihr *Valenciá* sei kein Katalanisch, sondern eine eigene Sprache.

Auf die Frage, wie viele Sprachen in einer Stadt, einem Land oder auf der ganzen Welt gesprochen werden, gibt es also doch eine einfache Antwort: »Mehr als man denkt.«

Interessante Internet-Adressen:

Detaillierte Datenbank aller lebenden Sprachen der Welt:
http://www.ethnologue.com

5. Erst tausend, dann hundert, dann eine…
Oder: Werden irgendwann alle Menschen die gleiche Sprache sprechen?

Als Edward Maddrell 1877 auf die Welt kam, hätte wohl niemand gedacht, dass er einmal berühmt würde. Maddrell, den seine Freunde Ned nannten, wuchs auf wie viele Kinder auf der kleinen Insel Isle of Man, die zwischen England und Irland liegt. Er spielte am Strand der irischen See und lernte schon bald, ein Segelboot zu steuern. Ned wollte Fischer werden – so wie viele junge Leute, die dort im 19. Jahrhundert geboren wurden.

Ein ganz normales Leben führte er also. Weder vollbrachte er besondere wissenschaftliche Leistungen, noch war er Spitzensportler. Dennoch sind inzwischen Dutzende Bücher und Aufsätze veröffentlicht worden, in denen Maddrells Name vorkommt. Es gibt sogar regelmäßig »Ned-Maddrell-Vorlesungen«. Denn eines war besonders am Lebenslauf des Fischers: Als er 1974 starb, bedeutete das auch den Tod einer Sprache. Er war der letzte Einwohner der Isle of Man, der als Kind von klein auf die Sprache Manx gelernt hatte. Als er Ende des 19. Jahrhunderts anfing mit den Fischern aufs Meer zu fahren, hörte er, wie er sich später erinnerte, auf den Booten nur Manx.

Heute wachsen alle Kinder auf der Isle of Man mit Englisch als Muttersprache auf. Die kleine Insel ist zwar politisch gesehen selbstständig, gehört also offiziell nicht zu Großbritannien. Doch die britischen Königinnen und Könige üben schon seit Jahrhunderten großen Einfluss auf das Eiland aus. Auch in Schule und Verwaltung, in Zeitungen und im Fernsehen ist Englisch die einzige wichtige Sprache. Dementsprechend nennen heute alle Kinder auf der Isle of Man ihre Mutter *mother* – Ned Maddrell sprach über seine Mutter als *vummig*. Und er wollte als Kind nicht *fisherman* werden, wie es heute junge Leute auf der Insel sagen würden, sondern *eeasteyr*.

In den Jahren vor seinem Tod gab es allerdings kaum jemanden mehr, mit dem Maddrell so hätte sprechen können. Schon in den 50er-Jahren hatten Sprachforscher, die den Niedergang des Manx dokumentieren wollten, nur noch rund ein Dutzend Muttersprachler ausfindig machen können. 1962 starb die vorletzte Einwohnerin der Isle of Man, die mit Manx aufgewachsen war. Zwölf Jahre lang war Ned Maddrell der »letzte Sprecher«.

Mit dem Tod Maddrells hörten die Sprachwissenschaftler auf, Manx zu den lebenden Sprachen zu rechnen. Es war die einzige Sprache, die in Europa im 20. Jahrhundert ausgestorben ist. Weltweit hingegen schreitet das Sprachensterben mit rasender Geschwindigkeit voran. Rund 100 Sprachen verschwinden jedes Jahr, schätzen Forscher. Rechnerisch stirbt somit alle zwei Wochen ein »letzter Sprecher« – und mit ihm seine Sprache. Vor allem in Amerika und Australien, aber auch in Asien und Afrika sind viele Sprachen akut bedroht.

Sprachen sterben langsam

Hunderte Sprachen auf der ganzen Welt machen derzeit den gleichen Abstieg durch, den Manx durchlaufen hatte. Zwei Jahrhunderte vor Ned Maddrells Geburt war diese Sprache noch das gängige Verständigungsmittel, wenn sich die Einwohner der Isle of Man über das Wetter, über den nächsten Fischzug oder die Krankheiten der Großeltern unterhielten. Auch einige Bücher waren auf Manx geschrieben worden. Und wenn man noch weiter in der Geschichte zurückgeht, hat Manx eine beachtliche Vergangenheit.

Die Sprache der Isle of Man war aus dem Keltischen hervorgegangen. In den Jahrhunderten vor Christi Geburt war Keltisch eine der wichtigsten Sprachen in Europa. Hätte es die Comicfigur Asterix der Gallier wirklich gegeben, dann hätte er mit seinem Freund Obelix oder dem Häuptling Majestix keltisch geredet.

Clan hätte Asterix die Gruppe, in der er lebte, wohl genannt – ein keltisches Wort, das in vielen Sprachen überlebt hat. Sein Clan hätte einen eigenen Dialekt der nördlichen Atlantikküste des heutigen Frankreich gesprochen. Doch Asterix und seine Freunde hätten sich vor rund 2000 Jahren auch halbwegs mit anderen Kelten-Clans aus dem Gebiet des jetzigen Süddeutschland und Norditalien über Zaubertränke unterhalten können oder über die beste Taktik, um Römer zu verprügeln. Auch mit den Kelten auf den britischen Inseln hätte Obelix darüber diskutieren können, ob die Hinkelsteine in dem (damals übrigens schon sehr alten) Heiligtum Stonehenge ordentlich gemeißelt waren oder nicht.

Heute sind die keltischen Sprachen weitgehend verschwunden. Das Bretonische in Asterix' Heimat Nordfrankreich wird zwar noch an Schulen gelehrt, aber als Alltagssprache nutzt es kaum jemand mehr. Auch wenn Asterix es nicht hätte glauben wollen: Seine Landsleute unterwarfen sich schließlich doch irgendwann komplett der Kultur der Römer.

Die Gallier übernahmen das Lateinische und entwickelten daraus das heutige Französisch – sodass inzwischen kaum noch jemand in der Bretagne das alte keltische Wort *demat* sagt, wenn er einen guten Tag wünscht. Auch in der Bretagne ist überall das aus der Sprache der

Römer entwickelte *bonjour* zu hören. Genauso ging es dem Keltischen, das früher auf der britischen Halbinsel Cornwall gesprochen wurde. Es konnte nicht gegen die Sprache der Angelsachsen bestehen. Englisch war einfach erfolgreicher.

Das Keltische Schottlands gilt als etwas lebendiger. Im Alltag taucht es nur selten auf. Doch gibt es nach Schätzungen noch rund 70 000 Menschen, die zumindest verstehen, was gemeint ist, wenn sie einen Text in der keltischen Sprache Schottisch-Gälisch hören oder lesen. Die Gegend, die am meisten vom keltischen Spracherbe bewahrt hat, ist Irland. Allerdings benutzen auch dort nur noch einige zehntausend Menschen Gälisch als Alltagssprache.

Machtpolitik und Armut lassen Sprachen sterben

Wenn Sprachen verschwinden, geschieht das überall auf der Welt auf die gleiche Weise. Fast immer sind es politische Machtausübung und wirtschaftliche Zwänge, die eine Sprache zum Aussterben verurteilen. Als die Britischen Inseln im Mittelalter unter die Herrschaft der Könige von England kamen, war damit auch der Siegeszug des Englischen über das Keltische in Schottland, Irland, Cornwall und Wales vorgezeichnet: Verwaltungsbeamte sprachen Englisch und nicht die alten keltischen Sprachen. Dokumente mussten auf Englisch geschrieben werden und Kinder durften in der Schule nicht mehr Gälisch oder Walisisch reden. Und wer im Beruf erfolgreich sein wollte, musste die Sprache Londons benutzen.

In Schottland verspotteten viele Lehrer die Kinder, die Gälisch sprachen, als Bauerntrampel und Dummköpfe. Sie hängten den Schülern, die sie im Unterricht oder auf dem Schulhof beim Gälisch-Sprechen erwischten, einen *hanging stick* (oder auf Gälisch *maidhe crochaidh*) um den Hals. Das war ein Stock, der an einem Band befestigt war. Die Schüler mussten ihn während des Unterrichts tragen; nach der letzten Schulstunde wurden sie dann zur Strafe damit geschlagen. Berichte darüber gibt es sogar noch aus der Zeit um 1960. Auch in Irland waren, vor allem im 18. und 19. Jahrhundert, solche Bestrafungsrituale für die, die Gälisch sprachen, verbreitet.

Noch heute gibt es Staaten, in denen es gefährlich ist, sich für die eigene Muttersprache stark zu machen. Die Regierung der Türkei beispielsweise erkennt das Kurdische nicht an, obwohl mehrere Millionen Menschen im Osten des Landes mit Kurdisch als Muttersprache aufgewachsen sind. Noch im Jahr 2001 wurden Studenten an türkischen Universitäten von den Seminaren und Vorlesungen ausgeschlossen, weil sie forderten, Kurdisch als Wahlfach zuzulassen.

Die Opfer des Christoph Kolumbus

Die größten Verwüstungen in der weltweiten Vielfalt der Sprachen wurden zwischen dem 16. und 19. Jahrhundert angerichtet. Europäische Eroberer unterwarfen Amerika und Australien sowie weite Teile Afrikas und Asiens und errichteten ihre Kolonien. Als Christoph Kolumbus 1492 amerikanischen Boden betrat, sprachen die Menschen zwischen der Arktis und Kap Hoorn noch weit über tausend verschiedene Sprachen. Wäre ein Forscher im 16. Jahrhundert von Alaska bis zur Südspitze Südamerikas gereist, hätte er alle paar Kilometer ein neues Wörterbuch oder einen neuen Dolmetscher gebraucht.

Viele der alteingesessenen Völker Amerikas wurden komplett ausgerottet oder bis auf wenige tausend Menschen ausgelöscht. Mit den Menschen starben ihre Sprachen. Wer sich heute auf dem amerikanischen Kontinent verständlich machen will, kann aus einigen wenigen Kolonialsprachen auswählen: am besten Englisch, vielleicht noch Spanisch, Portugiesisch oder Französisch – andere Sprachen braucht kein Amerikareisender wirklich.

Zwar haben sich etwa in Peru noch viele Einwohner die alte Indio-Sprache Ketschua bewahrt. In Guatemala oder im südlichen Mexiko wird der Preis für Maiskolben oder Hängematten auf den Märkten nicht auf Spanisch ausgehandelt, sondern in einer der verschiedenen Maya-Sprachen wie Quiché oder Tzeltal. Theoretisch gibt es auch heute noch eine große Vielfalt von amerikanischen Sprachen.

Doch ein Mexikaner oder Peruaner, der der Armut seines Indiodorfes entfliehen will, muss Spanisch sprechen. Und wenn er es besonders weit bringen will und in die USA auswandern möchte, wird er zusätzlich Englisch lernen müssen. Indio-Eltern, die sich wünschen, dass es ihren Kindern besser geht als ihnen selbst, werden darauf achten, dass ihre Söhne und Töchter keinesfalls nur mit einer Indio-Sprache aufwachsen. Am besten sollten die Kinder von Anfang an Spanisch und Englisch lernen.

Wie wirtschaftliche Not eine Sprache weitgehend auslöschen kann, zeigte sich besonders deutlich in Irland. Anfang des 19. Jahrhunderts sprachen dort noch rund vier Millionen Menschen Gälisch – das war mehr als die Hälfte der Bevölkerung. Dann gab es in den Jahren ab 1845 verheerende Missernten. Rund eine Million Menschen verhungerten. Weitere rund zwei Millionen Iren wanderten aus. Sie flohen vor der Hungersnot vor allem nach Amerika und England. Wer sich dort durchschlagen wollte, musste Englisch sprechen. Ebenso wie die, die Arbeit in den größeren Städten Irlands wie Dublin, Cork oder Belfast suchten. So ging das gälische Erbe Irlands in kurzer Zeit fast komplett verloren.

Durch die Übermacht des Englischen im Arbeitsleben und in den

Medien sind auch in den USA viele uralte Indianersprachen, die bis heute noch überlebt haben, zu einem Schattendasein verurteilt. Sprachen der angestammten Einwohner Amerikas wie Pomo oder Yuki werden wahrscheinlich bald ganz aussterben. Auch in Japan gibt es akut bedrohte Sprachen wie Ainu, das nur noch wenige Menschen beherrschen. Das gleiche Schicksal teilen fast sämtliche Verständigungsformen der australischen Ureinwohner, der Aborigines. Vor der Kolonisierung durch die Briten wurden in Australien schätzungsweise 250 verschiedene Sprachen gesprochen. Schon heute ist nur eine Handvoll davon noch wirklich lebendig. Und wahrscheinlich wird sich keine einzige Aborigine-Sprache auf Dauer halten können.

Viele amerikanische oder auch die alten australischen Sprachen sind dem Aussterben besonders schutzlos ausgeliefert, weil sie nie eine eigene Schriftkultur entwickelt haben. Es gibt keine Bücher, die in Aborigine-Sprachen geschrieben wurden, und auch keine Aborigine-Zeitungen.

Eine Sprache für alle?

Gleichzeitig mit dem Sterben vieler Sprachen wachsen einige wenige Sprachen unaufhaltsam. Die wichtigste Sprache Chinas, das Mandarin-Chinesisch, ist die Muttersprache von rund 900 Millionen Menschen. Wenn man diejenigen mitrechnet, die Mandarin regelmäßig als Zweitsprache nutzen, ist es das Verständigungsmittel für weit mehr als eine Milliarde Einwohner Asiens. Spanisch als Erst- oder Zweitsprache nutzen etwa 520 Millionen Menschen, Englisch ist für rund 510 Millionen entweder Muttersprache oder regelmäßige Zweitsprache. Deutsch liegt mit 130 Millionen Sprechern im Mittelfeld der großen Sprachen.

Als Geschäfts- oder Wissenschaftssprache ist Englisch zweifellos noch wesentlich erfolgreicher als Chinesisch oder Spanisch. Alle namhaften Forscher auf der ganzen Welt verfassen bei der Veröffentlichung ihrer Untersuchungen zumindest eine Kurzversion auch auf Englisch, das sogenannte *abstract*. Oder sie schreiben gleich den ganzen Text auf Englisch. In den meisten Industrieländern geben große Firmen ihre Unternehmensberichte nicht nur in der jeweiligen Landessprache an die Öffentlichkeit, sondern auch auf Englisch. Schließlich ist das die Sprache der weltweit wichtigsten Börse in der New Yorker Wall Street. Im Internet sind nach Schätzungen 80 Prozent aller Informationen auf Englisch formuliert.

Manche Sprachwissenschaftler glauben deshalb, dass Englisch eine Art Welt-Einheitssprache werden könnte. Der neuseeländische Forscher Steven Roger Fischer beispielsweise behauptet: »Bald werden alle Sprachen der Welt bis auf einen kleinen Überrest verschwunden sein und nur eine Sprache für die ganze Menschheit zurücklassen.« Fischer schreibt es nicht ausdrücklich, doch es ist klar, dass er damit Englisch meint.

Es gibt allerdings gute Gründe, solche Vorhersagen zu bezweifeln. Denn bevor Englisch »Weltsprache« würde, müssten China und die heute spanischsprachigen Staaten ihr komplettes Schulwesen und ihre Verwaltung auf Englisch umstellen. Das Gleiche müssten die Staaten tun, in denen rund 280 Millionen Russisch-Sprecher leben, und die Länder, in denen rund 200 Millionen Menschen Arabisch sprechen. Auch Deutschland, Italien oder Frankreich müssten ihre Landessprache aufgeben und auf Englisch umschalten.

Dass wirklich nur einige wenige Sprachen überleben oder gar nur eine einzige, scheint heute schwer vorstellbar. Die meisten Experten sind sich aber einig, dass in 100 Jahren weltweit wohl nur noch rund 600 Sprachen existieren werden. Das hieße, dass bis dahin 90 Prozent der heute lebenden Sprachen verschwunden sind.

Katastrophe oder der Weg ins Sprachparadies?

Unter den Sprachforschern ist nicht nur die Frage umstritten, wie viele Sprachen die nächsten Jahrhunderte überleben. Heiß debattiert wird auch, ob das Sprachensterben eine Katastrophe bedeutet, wie einige denken, oder ob der Verlust von Sprachen der natürliche Gang der Dinge ist, wie andere glauben.

»Mit jeder Sprache, die ausstirbt, wird ein Bild des Menschen ausgelöscht«, meinte der mexikanische Schriftsteller Octavio Paz. Und der britische Sprachforscher David Crystal schreibt angesichts des Sprachensterbens, »dass wir zurzeit die größte geistige Katastrophe in der Geschichte der Erde erleben«. Sein Kollege Daniel Nettle ergänzt, mit dem Sterben einer Sprache gehe auch handfestes Wissen verloren. Das Haunóo-Volk auf den Philippinen kenne 430 Wörter für verschiedene Gemüsesorten und 40 verschiedene Wörter für bestimmte Arten von Boden, erklärt Nettle. Für diesen reichen Wortschatz gebe es in anderen Sprachen keine gleichwertigen Begriffe. Wer mit dem Haunóo-Land pfleglich umgehen wolle und das dortige Ökosystem bewahren möchte, der sei auf das Wissen angewiesen, das in der Haunóo-Sprache gespeichert ist.

Es gibt aber auch entgegengesetzte Haltungen: Der indisch-britische Schriftsteller Kenan Malik meint zum Sprachentod nur: »Lasst sie sterben.« Schließlich sei es die Aufgabe aller Sprachen, Verständigung zu ermöglichen. Und dazu seien nicht 6000 Sprachen nötig und nicht 3000. Der Neuseeländer Steven Roger Fischer ergänzt, durch das Sprachensterben werde »die neue globale Gesellschaft einen bislang ungekannten Grad an Kommunikation erreichen, der allen Bereichen menschlichen Handelns Nutzen bringt«. Er freut sich also auf eine vermeintlich glückliche Zukunft, in der jeder mit jedem auf der Welt reden kann, ohne dass einer eine Fremdsprache lernen muss.

Das Sterben lässt sich bremsen

Es gibt allerdings Anzeichen dafür, dass das Sprachensterben und der Weg in eine weltweite Einheitssprache keineswegs unaufhaltsam sind. Für das Baskische beispielsweise, das vor allem in Nordostspanien gesprochen wird, sah die Zukunft lange Zeit düster aus. Unter der Diktatur von Francisco Franco von 1939 bis 1975 wurde diese Sprache, die mit keiner anderen in Europa verwandt ist, planmäßig unterdrückt. Kinder durften sie nicht in der Schule sprechen, baskische Zeitungen gab es nicht. Seit dem Tod des spanischen Diktators erlebt das Baskische jedoch wieder einen bemerkenswerten Aufschwung.

Es gibt inzwischen rund 700 000 Menschen, die fließend Baskisch sprechen. Und weil die gesamte Region traditionell auf ihre Eigenständigkeit gegenüber der Zentralregierung in Madrid pocht, werden baskische Fernseh- und Radioprogramme wie auch baskische Literatur stark gefördert. Selbst viele Basken, die den größeren Teil ihrer Gespräche auf Spanisch führen, lassen immer wieder einmal baskische Worte und Floskeln in ihre Unterhaltungen einfließen und sagen etwa »Agur« statt »Hola«, wenn sie Freunde begrüßen.

Noch weit lebendiger ist in Spanien das Katalanische. Auch diese Sprache wurde während der Franco-Diktatur unterdrückt. Doch inzwischen sind die verschiedenen Spielarten des Katalanischen wieder die Alltagssprache für mehr als sieben Millionen Menschen an der spanischen Mittelmeerküste und auf den Balearen. Zwar wird so ziemlich jeder Katalane Spanisch verstehen und sprechen können. Aber in Barcelona,

Viele Städte im Baskenland haben zwei Namen – einen baskischen und einen spanischen. Die Bewohner der Region pochen darauf, dass auch die oft exotisch wirkenden baskischen Namen auf allen Straßenschildern aufgeführt sind.

Valencia oder Palma de Mallorca ist es für junge wie auch für alte Menschen völlig normal, dass sie lieber ihre eigene Sprache benutzen und nicht die der Zentralregierung in Madrid.

Dass Sprachen einander nicht verdrängen, sondern nebeneinander existieren, ist eine Entwicklung, die es vor allem in Afrika und Asien schon seit langem gibt. Auch dort sind in den letzten Jahrhunderten viele Sprachen verschwunden. Aber die Menschen sind es ebenso lange gewohnt, mit mehreren Sprachen zu leben – und auf diese Weise eine große Zahl von Verständigungsformen zu bewahren.

Ein Afrikaner aus der Region um Abangkang in Nigeria beispielsweise wird in seinem Heimatdorf wahrscheinlich die Sprache Abanyom sprechen. Wenn er in die nächstgelegene Großstadt reist, um dort etwas zu kaufen, wird er im Gespräch mit einem Händler vielleicht in die Sprache Haussa wechseln. Mit schätzungsweise 50 Millionen Menschen in großen Teilen Nigerias, aber auch in Ghana oder im Sudan kann er sich auf diese Weise verständlich machen. Und wenn er schließlich mit Behörden zu tun hat oder mit Landsleuten aus Regionen, wo man nicht Haussa spricht, wird er in die Sprache der früheren Kolonialmacht wechseln. In Nigeria ist das Englisch, in anderen Teilen Afrikas haben die Kolonialherren Französisch oder Portugiesisch hinterlassen. Drei oder vier Sprachen zu sprechen, ist für Menschen aus Nigeria, Gabun oder Kenia nichts Ungewöhnliches, sondern Alltag.

Rettungsprogramme für Sprachen

Manche Sprachen, die zeitweise bedroht waren, sind stark genug, um aus sich selbst heraus zu überleben. Es hat in Spanien zum Beispiel stets mehrere hunderttausend oder sogar Millionen Menschen gegeben, die Katalanisch beherrschten. Und Katalanisch wird seit Jahrhunderten nicht nur gesprochen, sondern auch gelesen: Die Katalanen verweisen stolz darauf, dass der Schriftsteller Ramon Llull schon vor 700 Jahren mehr als 260 Gedichtbände und Erzählungen in ihrer Sprache verfasst hat. Das war der Beginn einer bis heute sehr lebendigen katalanischen Literaturtradition.

Andere Sprachen brauchen aktive Eingriffe, damit sie nicht in Vergessenheit geraten. Ein typisches Beispiel ist das irische Gälisch. Anfang des 20. Jahrhunderts wurde es nur noch von einigen Bauern und Fischern gesprochen und schien zum Aussterben verurteilt. Doch als die Iren 1922 die Unabhängigkeit von Großbritannien erkämpften, wollten sie ihre Eigenständigkeit durch eine eigene Sprache unterstreichen. »Irisch«

wurde Nationalsprache, heute ist es sogar eine der Amtssprachen der Europäischen Union.

Schulkinder müssen die alte keltische Sprache lernen, ob sie wollen oder nicht. Für die meisten ist es im Prinzip eine Fremdsprache, wenn sie beigebracht bekommen, dass die englische Begrüßung »How do you do?« auf Gälisch »Conas atá tú?« heißt. Doch das Überleben dieser Form des Gälischen ist damit wohl gesichert.

Und sogar die keltische Sprache Manx, deren letzter Muttersprachler Ned Maddrell im Jahr 1974 begraben wurde, ist nach Ansicht vieler Bewohner der Isle of Man nicht wirklich tot. Sie wollen sich vom übermächtigen Großbritannien gerne abheben und pflegen die Sprache wieder. An den Schulen der Insel sind Manx-Sprachkurse inzwischen beliebt. Schon als sie 1992 erstmals angeboten wurden, haben sich 20 Prozent der Schüler eingeschrieben.

Die Regierung der Isle of Man fördert die Veröffentlichung von Büchern auf Manx und hat einen eigenen Sprachbeauftragten ernannt, den *Manx Language Officer*. Er organisiert regelmäßig Treffen, deren Teilnehmer sich mit der Zukunft dieser eigentlich ausgestorbenen Sprache beschäftigen. Auch wenn heute kein Kind auf der Insel Manx von seinen Eltern lernt, so spricht die Regierung der Isle of Man doch von einem »Wiederaufleben einer neuen Generation von Manx-Sprechern«.

Interessante Internet-Adressen:

Sprechproben des irischen und schottischen Gälisch, sowie von Manx, Walisisch und Bretonisch auf einer Seite der britischen Rundfunkanstalt BBC:
http://www.bbc.co.uk/wales/history/sites/celts/pages/languages.shtml

6. »Wer nicht so spricht wie ich, der stottert«
Oder: Gibt es Sprachen, die wertvoller sind als andere?

Für die alten Griechen war die Sache ganz einfach. Die Frage, ob es Sprachen gibt, die hochwertiger sind als andere, beantworteten sie ganz klar mit »Ja«. Im antiken Athen und Sparta galt es als ausgemacht, dass Griechisch eigentlich das einzige brauchbare Kommunikationsmittel sei. Die, die anders sprachen, nannte man *barbaros*. Das heißt so viel wie »Stotterer«.

Ähnlich einfach sahen auch die alten Römer die Sache: Sie erklärten ihr Latein zur einzigen wirklich wertvollen Sprache. Das, was andere Völker so redeten, galt den Herrschern des Römischen Reiches ebenfalls als *barbarisch*. Eine Ausnahme machten sie nur für das Griechische. Die Lehrmeister des Lateinischen brachten eine Reihe von Argumenten für ihre Behauptung: Die Struktur des Lateinischen sei besonders logisch. Außerdem sei das Lateinische außergewöhnlich gut geeignet, um philosophische und literarische Texte zu verfassen.

Wettstreit der Sprach-Verherrlicher

Die Behauptung, dass Latein eine besonders wertvolle Sprache sei, fand über viele Jahrhunderte zahlreiche Anhänger, sogar als das Römische

Reich längst untergegangen war. Bis übers Mittelalter hinaus blieb die Sprache der alten Römer in Europa die Sprache der Wissenschaft. Und auch die katholische Kirche benutzte lange Zeit vor allem das Lateinische, um ihre Botschaften zu verbreiten.

Als »wertvollste Sprache der Welt« galt Latein aber bald nicht mehr. Schließlich gab es ja keine Muttersprachler mehr, die diesen Titel für *ihre* Sprache in Anspruch hätten nehmen können. Dafür brach im späten Mittelalter ein Wettstreit um den Titel der »wertvollsten Sprache« aus, der heute teilweise ausgesprochen komisch wirkt.

So stellte der flämische Wissenschaftler Goropius Becanus im Jahr 1569 folgende faszinierende Gedankenkette auf:

1. Die wertvollste Sprache ist die, die im Paradies von Adam und Eva gesprochen wurde.
2. Diese Sprache wurde den Menschen beim Turmbau zu Babel leider genommen, als Gott die Sprachen »verwirrte«, wie es in der Bibel heißt (siehe auch Kapitel 3).
3. Die Paradies-Sprache wurde *doch* nicht allen Menschen genommen. Einige haben sie behalten: die, die zum alten germanischen Stamm der Cimbern gehörten. Denn die seien beim Turmbau zu Babel nicht dabei gewesen.
4. Deshalb ist die Sprache der Cimbern die Sprache des Paradieses und damit die wertvollste Sprache.
5. Diese Sprache lässt sich immer noch finden. Und zwar in der Art, wie die Menschen in der Stadt Antwerpen reden, die heute in Belgien liegt.
6. Daraus folgt: Wer die wertvollste Sprache (die Sprache des Paradieses!) hören will, der muss nach Antwerpen fahren.

So glaubte zumindest Herr Becanus.

Die Sprache Gottes oder die Sprache der Vernunft

Becanus stand mit seiner Vorliebe für den flämischen Dialekt von Antwerpen allerdings ziemlich alleine da. Die meisten Gelehrten seiner Zeit hielten eher das Hebräische für eine halbwegs göttliche Sprache. Denn das ist anerkanntermaßen die Sprache des Heiligen Landes und des Volkes Israel, das ja in den Augen vieler Menschen als von Gott auserwählt gilt.

Dementsprechend wetteiferten Sprachforscher früherer Jahrhunderte, um zu belegen, dass ihre eigene Sprache dem Hebräischen ähnlich sei. So kam der französische Sprachforscher Père Thomassin 1690 zu dem Ergebnis, Hebräisch und Französisch stünden einander so nahe, »dass man wahrhaft sagen kann, dass sie im Grunde nichts anderes sind als ein und dieselbe Sprache«. Die logische Konsequenz: Französisch ist die wertvollste Sprache.

Zur selben Zeit bemühten sich italienische Forscher nachzuweisen, dass Italienisch die beste Sprache sei. Und in den Augen deutscher Gelehrter war klar, dass sich selbstverständlich Deutsch von keiner anderen Sprache übertreffen lasse. Der Philosoph Johann Gottlieb Fichte glaubte Anfang des 19. Jahrhunderts gar, wer mit Deutsch als Muttersprache aufwächst, habe dadurch weiter gehende Möglichkeiten, Gedanken und Gefühle zu verstehen, als alle anderen Menschen. Ein Deutscher könne alle ausländischen Sprachen erlernen – und zwar besser als die Ausländer selbst, meinte Fichte.

Überschwängliches Lob für die eigene Sprache gab es nicht nur in Frankreich, Italien und Deutschland. Der Engländer Thomas Babington Macaulay hielt es für zwingend, dass in der britischen Kolonie Indien nicht die indischen Sprachen gesprochen werden sollten. Viel besser sei Englisch, meinte Macaulay. Und zwar nicht nur, weil das die Sprache der Kolonialherrscher war, sondern weil Englisch die *beste* Sprache sei: »Man kann sicherlich sagen, dass die Literatur, die jetzt in dieser Sprache zur Verfügung steht, von weit größerem Wert ist als all die Literatur, die vor dreihundert Jahren in allen Sprachen der Welt zusammen verfügbar war.«

Arroganz kennt keine Grenzen

Besonders deutlich wurden die Sprachgelehrten früherer Zeiten, wenn es darum ging, andere Sprachen herabzuwürdigen. Vor allem den Sprachen neu entdeckter Völker standen sie oftmals völlig verständnislos gegenüber. Der deutsche Sprachgelehrte Johann Tetens schüttelte über die Verständigungsformen der amerikanischen Ureinwohner den Kopf. Im Jahr 1772 schrieb er:

»Es giebt Völker in America, deren Sprache so arm ist, daß man darinnen weiter nichts auszudrücken im Stande ist, als einige in die Sinne fallende Gegenstände und die gemeinsten Handlungen ihres wilden und einfachen Lebens. Es ist auch an und für sich nicht nur wahrscheinlich, sondern auch fast nothwendig, daß die uncultivirten Sprachen roher Völker weit weniger articulirt sind, als die cultivirten. Die Articulation wächset mit der Vernunft, wie die übrigen Vollkommenheiten der Sprachen.«

Als die Sprachforscher im späten 19. Jahrhundert begannen, mit wirklich wissenschaftlichen Methoden zu arbeiten, gaben sie die Suche nach einer überlegenen Sprache bald auf. Denn sie sahen ein, dass die Idee von höherwertigen und minderwertigen Sprachen unsinnig ist.

Wer hat die meisten Laute? Wer die meisten Wörter? Wer die meisten Fälle?

Übrig geblieben ist höchstens ein Vergleich zwischen verschiedenen Eigenheiten der Sprachen. So lässt sich nicht bestreiten, dass das Russische eine aufwendigere Deklination hat als andere Sprachen. Die Russen können Hauptwörter in sechs verschiedene Fälle setzen, im Deutschen sind es vier, Italienisch oder Spanisch kommen ganz ohne Deklination aus. Aber sollte man deshalb behaupten, dass Russisch wertvoller oder anspruchsvoller ist als Italienisch?

Gut geeignet für einen »Sprachwettbewerb« ist auch die Zahl der Laute, über die eine Sprache verfügt. Im !Xu, das im südlichen Afrika gesprochen wird, gibt es 141 verschiedene Laute, darunter viele verschiedene Klick- und Schnalzgeräusche. Die Rotokas-Sprache auf Papua-Neuguinea hingegen kommt mit 11 verschiedenen Lauten aus. Im Deutschen sind es 38.

Ebenfalls beliebt ist der Vergleich der Wortschätze. So gilt Englisch als die Sprache mit den meisten Wörtern. Je nach Zählung sind es 600 000 bis 800 000. Deutsch fällt bei so einem Vergleich schon deutlich zurück: Es zählt »nur« 300 000 bis 500 000 Wörter. Und Französisch kommt auf rund 100 000 Wörter. Kann man deshalb Französisch als »einfach« bezeichnen?

Die Zahl der Wörter, über die eine Sprache theoretisch verfügt, ist im Alltag übrigens ziemlich gleichgültig. Denn nicht einmal der gelehrteste Professor schöpft den Wortschatz einer Sprache auch nur annähernd aus. Im Gegenteil: Mit den rund 200 häufigsten Wörtern lässt sich im Deutschen schon die Hälfte eines beliebigen Textes bestreiten. Für ein gängiges Alltagsgespräch genügen in allen Sprachen 400 bis 800

Wörter. Und mit rund 2000 Wörtern lässt sich im Prinzip fast jede Situation bewältigen, von der Bestellung eines Capuccino bis zur Trennung von Freund oder Freundin.

Abschied von der Arroganz

Inzwischen gibt es deshalb unter denen, die sich ernsthaft mit Sprache beschäftigen, niemanden mehr, der die eine Ausdrucksweise für höherwertig hält und die andere für minderwertig. Der britische Forscher David Crystal fasst die heutige Lehrmeinung ganz trocken so zusammen: »Die Überzeugung, dass bestimmte Sprachen anderen überlegen seien, ist zwar weitverbreitet, entbehrt jedoch jeder sprachwissenschaftlichen Grundlage.«

7. Gegen Französisch, Englisch – und überhaupt alles Fremde
Oder: Lässt sich der Einfluss anderer Sprachen zurückdrängen?

Es war eine Zeit der Äußerlichkeiten, als im 17. Jahrhundert ganz Europa dem Hof des französischen »Sonnenkönigs« Ludwig XIV. nacheiferte. So wie es im Schloss Versailles bei Paris üblich war, liebten es die Adligen und Reichen bald auch in Deutschland, gepuderte Perücken zu tragen und bunt bestickte Wämse. Aus den Ärmeln quollen fein geklöppelte Spitzen. So steif wie die Mode war auch die Sprache.

Vor allem im barocken Deutschland war es sehr beliebt, möglichst viele französische Wörter in seine Sätze einzuflechten. Man redete sich gegenseitig gerne mit *Madame* und *Monsieur* an, die Mutter hieß *Maman*, der Vater *Papa*. Wenn der *Cousin* oder die *Cousine* zu Besuch kam, reichte man ein *Bisquit* oder – wenn es kräftiger sein sollte – eine *Bouillon*. Abends sprühte man sich etwas *Parfum* ins *Toupet*, bevor man sein *Palais* verließ, um über die *Allee* ins *Ballett* zu gehen.

Noch im Jahr 1750 war der französische Philosoph Voltaire verblüfft, wie gut er am preußischen Hof mit seiner eigenen Landessprache zurechtkam: »Ich finde mich hier in Frankreich wieder. Man spricht nichts als unsere Sprache. Deutsch ist nur für die Soldaten und die Pferde.«

Wer nicht nur fein, sondern auch gelehrt klingen wollte, der webte zusätzlich noch ein paar lateinische Wörter in seine Rede. Oder er benannte sich selber um. So wurde aus einem einfachen Herrn Müller der feine Herr *Molitor*. Wer nicht mehr den derben Bauer als Nachnamen haben wollte, nannte sich *Agricola*. Der deutsche Herr Fischer wurde zum lateinischen *Piscator*, Frau Weber zur Frau *Textor*, und wer auf Deutsch schlicht Schuster oder Schuhmacher hieß, der benannte sich in einen raffiniert klingenden *Sutor* um.

Die Freunde der deutschen Sprache schlagen zurück

Doch nicht alle Deutschen waren begeistert über die lateinischen oder französischen Einflüsse. Es gab bald eine Gegenbewegung gegen die aus Paris importierte Lebensart, die manchmal abwertend als »welsch« bezeichnet wurde. Dem Dichter Johann Michael Moscherosch (1601 bis 1699) platzte irgendwann der Kragen und er schrieb über seine Zeitgenossen ein hämisches Spottgedicht:

> *Fast jeder Schneider will jetzund leider*
> *Der Sprach erfahren sein und redt latein,*
> *Wälsch und französisch, halb japonesisch,*
> *Wann er ist doll und voll, der grobe Knoll.*

> *Ihr bösen Teutschen, man sollt' euch peitschen,*
> *Daß ihr die Muttersprach so wenig acht.*
> *Ihr lieben Herren, das heißt nicht mehren:*
> *Die Sprach verkehren und zerstören.*

Ihr tut alles mischen mit faulen Fischen
Und macht ein Mischgemäsch, eine wüste Wäsch
Ihr bösen Teutschen, man sollt' euch peitschen.
In unserm Vaterland, pfuy ob der Schand!

Die deutschen Dichter begnügten sich jedoch nicht damit, auf die ausländischen Einflüsse zu schimpfen. Eine ganze Reihe von ihnen tat sich 1617 zusammen und gründete einen Verein, der sich um die Reinheit der Sprache kümmern sollte. Der Zusammenschluss mit dem schönen Namen Fruchtbringende Gesellschaft hatte vor allem ein Ziel, nämlich dass man »die Hochteutsche Sprache in ihrem rechten wesen und stande, ohne einmischung frembder ausländischer Wort aufs möglichste und thunlichste enthalte«.

Die Mitglieder der Fruchtbringenden Gesellschaft und anderer Sprachgesellschaften, die sich gründeten, merkten aber bald eines: Es war nicht damit getan, über die französischen, lateinischen oder italienischen Fremdwörter zu jammern. Wenn sie ihr Ziel erreichen wollten, die deutsche Sprache »rein« zu halten, mussten sie den fremden Ausdrucksweisen etwas entgegensetzen. Also galt es, sich deutsche Wörter auszudenken, wo es bislang nur französische oder lateinische gab. Und da legten die Mitglieder der barocken Sprachgesellschaften bald einen enormen Fleiß an den Tag.

In vielen Bereichen gelang es den Sprachpuristen tatsächlich, einen deutschen Begriff gleichberechtigt neben dem Fremdwort in den Sprachgebrauch einzubringen.

Früher nur gebräuchliches Fremdwort	Neuschöpfung
Adresse	Anschrift
Avantgarde	Vorhut
Detail	Einzelheit
faktisch	tatsächlich
Rendez-Vous	Stelldichein
Parterre	Erdgeschoss
progressiv	fortschrittlich
Teleskop	Fernglas
Universum	Weltall

In einigen Bereichen haben die Verdeutschungen frühere Fremdwörter komplett verdrängt:

Diameter	Durchmesser
Plenipotenz	Vollmacht
Suicidium	Selbstmord
Superficies	Oberfläche

An anderen Stellen hatten die Schöpfer neuer Wörter allerdings keinen Erfolg dabei, ausländische Begriffe zu ersetzen:

Bonbon	Süßchen
Ingenieur	Kriegsbaumeister
Klavier	Griffbrett
Pyramide	Spitzsäule
Sofa	Lotterbett

Und an einigen Stellen sind die barocken Freunde der deutschen Sprache eindeutig übers Ziel hinausgeschossen. In ihrem ungebremsten Eifer versuchten sie nämlich, nicht nur für Fremdwörter Ersatz zu finden, sondern auch für sogenannte Lehnwörter. Das sind Begriffe vor allem aus dem Lateinischen, die schon seit Jahrhunderten fest in den deutschen Sprachgebrauch eingegliedert sind (siehe auch Kapitel 8). Zu dieser Gruppe gehören Wörter wie Fenster (lat. *fenestra*), Fieber (lat. *febris*), Nase (lat. *nares*) oder Natur (lat. *natura*). Die Liste der misslungenen Eindeutschungen solcher Lehnwörter klingt heute ausgesprochen amüsant:

Fenster	Tageleuchter
Fieber	Zitterweh
Frauenkloster	Jungfernzwinger
Nase	Gesichtserker
Natur	Zeugemutter
Urne	Leichentopf

»Fruchtbringend« – unter anderem beim Erhalt der deutschen Sprache sollte eine Gesellschaft sein, die Dichter und Gelehrte 1617 in Weimar gründeten. Weil sie Kokosnüsse als Sinnbild dieser »Früchte« wählten, wurde die Sprachgesellschaft auch »Palmenorden« genannt.

80

Die Zeit der Akademien

Die Deutschen des 17. und 18. Jahrhunderts standen mit ihrer Sorge um die eigene Sprache bei weitem nicht allein da. Andere Länder gingen sogar einen Schritt weiter und gründeten staatliche Akademien, die sich der Pflege und Reinhaltung der Sprache widmen sollten. Als besonders streng galten die italienische Accademia della Crusca, die 1582 gegründet wurde, sowie die Académie française (1635) und die spanische Real Academia (1713).

Die Sprachpuristen in ganz Europa nahmen sich vor allem die Gelehrten der französischen und der spanischen Akademie zum Vorbild. Denn die Sprachpfleger in Paris und Madrid veröffentlichten mit größter Gewissenhaftigkeit Wörterbücher, die genau festlegten, was guter Sprachgebrauch sei und was nicht. In Frankreich und Spanien war es vergleichsweise leicht, eine solche Akademie zu gründen und sie zur Herrscherin über die Sprache zu erklären. Denn dort herrschten im Barock unangefochtene Könige über das gesamte Reich – es war die Glanzzeit der Regierungsform des Absolutismus. Deutschland hingegen war in eine große Zahl kleiner Staaten und Städte zersplittert, weshalb es nicht zur Gründung einer einheitlichen Sprachakademie kam. Nie hätte es ein König von Sachsen akzeptiert, dass Preußen oder Bayern zum Sitz einer solchen Akademie würde – und umgekehrt (siehe Kapitel 8).

Erst im Jahr 1885 wurde unter der Herrschaft von Kaiser Wilhelm I. der Allgemeine Deutsche Sprachverein gegründet, der sich um die Pflege der deutschen Sprache in ganz Deutschland kümmern sollte. Damals herrschte große Not beim Umgang mit der deutschen Sprache – zumindest wenn man dem Buchautor Gustav Wustmann glauben darf, der 1891 schrieb: »Richtiges wird durch falsches, schönes durch hässliches verdrängt; fast jeder Tag gebiert neues, was den Freund der Sprache mit Trauer, ja mit Zorn erfüllt. Unsere heutige Sprache erscheint geradezu wie verkommen und verrottet.«

Auch die Sprachpuristen des 19. Jahrhunderts legten deshalb großen Fleiß an den Tag, wenn es darum ging, ausländische Begriffe einzudeutschen. Ihrem Einfallsreichtum verdankt man es, dass heute bei der Bahn vom *Fahrgast* die Rede ist, der vom *Abteil* aus den *Bahnsteig* betritt. Vorher sprach man vom *Passagier*, der vom *Coupé* aus den *Perron* betrat. Auch dass man sich nicht mit dem *Velo* durchs *Terrain* bewegt, sondern mit dem *Fahrrad* durchs *Gelände*, ist dem Einfallsreichtum der Sprachfreunde des 19. Jahrhunderts zu danken.

Sprachpflege in der Gegenwart – Gemäßigte gegen Eiferer

Nach dem Zweiten Weltkrieg hatten die Deutschen erst einmal eine Menge anderer Sorgen als die Reinheit ihres Wortschatzes und ihrer Grammatik. Die Gesellschaft für deutsche Sprache, die 1947 als Nachfolgerin des Deutschen Sprachvereins gegründet wurde, führte deshalb zunächst ein beschauliches Dasein, ebenso wie die Deutsche Akademie für Sprache und Dichtung, die 1949 gegründet wurde.

In den letzten Jahren aber ist wieder Schwung in die Debatte um die Reinheit des Deutschen gekommen. Zum einen weil eine wachsende Zahl vor allem von englischen Fremdwörtern in den deutschen Sprachgebrauch aufgenommen wird. Zum andern weil der 1997 gegründete »Verein Deutsche Sprache« eine neue Schärfe in die Debatte bringt. Die Vereinsmitglieder lassen keinen Zweifel, worum es ihnen geht:

»Uns vereint der Überdruß an der Vermanschung des Deutschen mit dem Englischen zu Denglisch; uns geht das pseudokosmopolitische Imponiergehabe vieler Zeitgenossen, wie es sich insbesondere im hemmungslosen Gebrauch von überflüssigen Anglizismen äußert, gewaltig auf die Nerven.«

Vor allem Politiker und Wirtschaftsbosse bekommen vom Verein Deutsche Sprache den Schmähtitel »Sprachpanscher des Jahres« verliehen. Der Chef des ZDF, Markus Schächter, erhielt ihn im Jahr 2004 für Sendungstitel wie *Kiddie contest* oder *Webcam nights*. Vorher war der Chef der Deutschen Post, Klaus Zumwinkel, für Begriffe wie *Global mail* und *Postage point* als »Sprachpanscher« abgestraft worden.

Mit Gesetzen gegen Fremdwörter?

Der frühere Innensenator von Berlin, Eckart Wertebach, glaubt, dass nur noch eines gegen die englische Unterwanderung der deutschen Sprache hilft: ein Gesetz. Vorbild wäre eine gesetzliche Regelung, die Frankreich schon 1994 verabschiedet hat. Dort ist es Firmen beispielsweise verboten, Gebrauchsanweisungen oder Verträge nur in Fremdsprachen zu formulieren. Die Bekleidungsfirma Fruit of the Loom wurde deshalb zu einer Strafe verurteilt. Denn in Irland hergestellte T-Shirts der Firma enthielten Hinweise zum korrekten Waschen nur auf Englisch: »Machine wash warm / do not bleach, do not iron decoration.«

Die französische Regierung betrachtet ihr »Anti-Englisch-Gesetz« als großen Erfolg. Auch ist man in Frankreich stolz darauf, dass es gelungen ist, einzelne englische Begriffe durch französische Neuschöpfungen zu ersetzen: zum Beispiel »logiciel« für *software*, »monospace« für *minivan* oder »vélo tout terrain (vtt)« für *mountainbike*.

In Deutschland ist ein solcher Kampf von offizieller Seite gegen englische Einflüsse in der Sprache nicht zu erwarten. Im Gegenteil: Die rot-grüne Bundesregierung fand 2004 nichts dabei, Arbeitslose ins *Job-Center* zu schicken oder zur *Personal Service Agentur*. Und sogar die traditionell konservative bayerische Staatsregierung nennt ein Programm für Jugendliche ohne Lehrstelle *Fit for work*. Bayerns Sozialministerin Christa Stewens (CSU) meinte dazu, dieser englische Name gefalle ihr zwar nicht besonders. Doch wer die Jugend erreichen wolle, müsse sprechen wie die Jugend, fuhr sie mit einem Schulterzucken fort. Und die Jugend benutze eben gerne englische Begriffe.

Interessante Internet-Adressen:

Gesellschaft für deutsche Sprache (veröffentlicht auch »Wort des Jahres« und unterhält einen »Sprachberatungsdienst«):
http://www.gfds.de

Verein Deutsche Sprache (veröffentlicht jedes Jahr »Sprachpanscher des Jahres«):
http://www.vds-ev.de

Deutsche Akademie für Sprache und Dichtung:
http://www.deutscheakademie.de

8. Das größte Rätsel der Sprachwissenschaft
Oder: Warum verändern sich Sprachen?

Es ist ein besonderer Tag in der Redaktion des Wahrig-Wörterbuchs in Gütersloh. Lange Wochen und Monate der Fahndung führen endlich zu einem Ergebnis. Ein neues Wort der deutschen Sprache konnte dingfest gemacht werden. Es ist kein besonders herausragendes, auffälliges Wort. Im Gegenteil. Aber wenige Jahre zuvor hatte noch niemand im deutschen Sprachraum das Wort »schwächeln« gesagt oder gehört. Dann hat es sich irgendwann jemand ausgedacht und in den Sprachgebrauch seiner Umgebung eingeschleust. Von dort aus hat es sich weiterverbreitet. Die Spur des neuen Begriffs aufnehmen konnten die Wörter-detektive jedoch erst, als das Wort seinen Weg in Zeitungstexte fand.

Rund 500 Millionen Wörter aus aktuellen Zeitungen und Zeitschriften lässt die Wörterbuchredaktion von Fachleuten der Universität Saarbrücken untersuchen. Mithilfe von Computerprogrammen durchleuchten sie Texte, um herauszufinden, ob sich neue Wörter finden oder ob alte Wörter auf eine neue Weise verwendet werden. Die Computer gleichen die Wortlisten mit bereits bestehenden Wörterbüchern ab. Dann filtern sie heraus, ob vermeintlich neue Wörter vielleicht nur falsch geschrieben wurden. Es wäre ja denkbar, dass beim Wörtchen »schwächeln« jemand nur aus Versehen ein »l« getippt hat und eigentlich das alte Wort »schwächen« meinte. Das lässt sich aber schnell ausschließen.

Denn ein Satz wie »Der Stürmer schwächelte in der zweiten Halbzeit« zeigt ganz klar: Hier liegt kein Tippfehler vor.

Wenn ein Wort als Neuschöpfung identifiziert ist, wird es jedoch noch nicht automatisch in der nächsten Wörterbuch-Auflage abgedruckt, erklärt die Leiterin der Wahrig-Redaktion, Dr. Beate Varnhorn. Zunächst kommen neue Begriffe unter »Beobachtung«. Dort bleiben sie einige Monate oder Jahre. Erst wenn die Fachleute, die bei Wahrig zusammenarbeiten, ganz sicher sind, dass ein Wort in den allgemeinen Sprachgebrauch aufgenommen ist, kommt es auch ins Wörterbuch.

Andere Wörter werden als Modebegriffe erst einmal zurück ins Computerarchiv gelegt – zum Beispiel »Elchtest«. Dieser Begriff ging im Herbst 1997 ständig durch alle Zeitungen und Fernsehnachrichten. Ein schwedischer Autotester hatte es geschafft, einen Wagen der neu entwickelten Mercedes-A-Klasse mit einem schnellen Lenkmanöver zum Umkippen zu bringen. Solche hektischen Lenkbewegungen seien in Schweden üblich, um Elchen auszuweichen, hieß es. Daher der neue Begriff: der Test für ein unangenehmes Zusammentreffen mit einem nordländischen Tier.

Der beim »Elchtest« umgekippte Wagen war eine höchst peinliche Blamage für die Nobelmarke. Wochenlang wurde in Zeitungen, in Kneipen und auf Schulhöfen alles Mögliche als Elchtest bezeichnet. Da konnte man Zeitungsüberschriften lesen wie »Schule besteht den Elchtest nicht« (was heißen sollte, das deutsche Bildungssystem ist nicht besonders gut) oder »Euro muss sich im Elchtest bewähren« (was heißen sollte, die damals noch neue Einheitswährung musste sich einer harten Probe unterziehen). Doch schon einige Monate später benutzte kaum noch jemand das Wort. Also nimmt man es besser nicht ins Wörterbuch auf, entschied die Wahrig-Redaktion. Und wenn es doch aufgenommen worden wäre, dann würde es heute wahrscheinlich wieder rausfliegen.

»Leiche« heißt ein solcher Begriff, erklärt Beate Varnhorn: früher allen bekannt, heute nicht mehr üblich.

Sprachen ändern sich ständig

Wörter zu identifizieren, die früher nicht bekannt waren – damit verbringt das Team der Wahrig-Redaktion den größten Teil seiner Zeit. Das Wort »Team« selbst ist übrigens typisch für den heutigen Sprachwandel. Ein Begriff, der direkt aus der Sprache übernommen wurde, bei der sich deutsche Sprecher am liebsten bedienen: aus dem Englischen.

Deutsche, Österreicher und Schweizer haben das Wort nahtlos in ihren eigenen Sprachgebrauch eingegliedert. So haben sie von Anfang an Zusammensetzungen mit uralten deutschen Begriffen gebildet: »Teamarbeit«, »teamfähig«, »teamorientiert«. Genauso wie sie »recyceln« oder »updaten« dem deutschen Konjugationssystem angepasst haben: »Hast du das Programm schon upgedatet?« In Bayern werden Begriffe aus der englischen Computersprache sogar dem Dialekt angepasst. So kann man in München Techniker hören, die ihren Kollegen zurufen: »I hob's scho aufd Harddisk obigspuit und glei updated« – »Ich habe es schon auf die Festplatte gespielt und gleich upgedated.«

Neue Wörter werden aus anderen Sprachen übernommen – das ist die häufigste Form des Sprachwandels. Bereits vor Jahrhunderten und Jahrtausenden borgten sich unsere Vorfahren von den Römern Wörter wie *fenestra* und *soccus* und formten daraus »Fenster« und »Socke«. Kaum jemand ahnt heute, dass dies keine urdeutschen Wörter sind, sondern sogenannte Lehnwörter. Oft benutzten unsere Vorfahren vor allem dann fremde Wörter, wenn auch die Dinge, um die es ging, ihnen fremd erschienen. Wie eben die römischen Socken. Die waren bei den Germanen alles andere als gebräuchlich.

Ähnlich verlief die Geschichte des Wortes »Zucker«. Den Zucker hatten die Italiener im Mittelalter als *zucchero* von den Arabern übernommen. Denn die Orientalen liebten schon vor vielen Jahrhunderten Süßes. Um ihre Süßwaren zuzubereiten, benutzten sie ein süßes Pulver, das sie *sukkar* nannten. Aus dem wurde der *zucchero* und daraus wieder »Zucker«.

Ausländische Phantomwörter

Manchmal werden neue Dinge auch mit vermeintlich fremdländischen Wörtern beschrieben, die es so in der jeweiligen fremden Sprache aber gar nicht gibt. Wenn man Briten oder Amerikaner fragt, ob sie ein *Handy* dabeihaben, dann klingelt bei ihnen erst einmal gar nichts. Denn sie nennen die kleinen Telefone *mobile phone* (kurz: *mobile*) oder *cellular phone*. »Handy« hingegen ist im Englischen ein Eigenschaftswort und bedeutet so viel wie »handlich« oder »geschickt«. Paul McCartney von den Beatles sang in dem Lied mit dem Titel »When I'm sixty-four« einst: »I could be handy, mending a fuse.« Damit meinte er nicht, dass er ein Handy sein könnte, das eine Sicherung repariert, sondern einfach jemand, der handwerklich begabt ist.

Aber nicht nur die Deutschen erfinden ihre eigenen englischen Wörter. In Frankreich kam vor einigen Jahren das *footing* groß in Mode. In Deutschland (und auch in England) sagt man »Jogging« dazu. *Footing* hingegen ist für Briten und Amerikaner kein Laufsport, sondern das Fundament eines Gebäudes.

Kreativer Austausch

Die Deutschen können sich im Gegenzug damit trösten, dass viele fremde Völker (wie die Briten und Amerikaner) immer noch gerne vom *rucksack* sprechen, wenn sie sich eine große Tasche auf den Rücken schnallen, oder vom *kindergarten*, wenn sie ihren Nachwuchs zur Betreuung bringen. Letzteres Wort ist in Lateinamerika sogar so beliebt, dass es gerne abgekürzt wird: *el kinder*.

Nicht nur der Wortschatz verändert sich durch Übernahmen aus dem Ausland. Auch die Art, wie Wörter verwendet werden, wandelt sich ständig. Vor nicht allzu langer Zeit hat in Deutschland etwas Sinn *ergeben* oder es hat Sinn *gehabt*. Heute *macht* es Sinn, ganz nach dem englischen Vorbild: »It makes sense.« Der Satz »Ich erinnere es« wäre vor einigen Jahren nur in *einer* Bedeutung denkbar gewesen, zum Beispiel wenn die Mutter den Vater fragt: »Erinnerst du unser Kind daran, dass es noch seinen Schulranzen packen muss? – Jaja, ich erinnere es.« Heute hingegen sagen immer mehr Menschen »Ich erinnere es«, um das auszudrücken, was früher mit den Worten umschrieben wurde: »Ich erinnere mich daran.« Ganz nach dem englischen Muster: »I remember it.«

Aus Alt mach Neu

Sprachen verändern sich jeden Tag. Und zumindest in früheren Zeiten entstanden auf diese Weise neue Sprachen. Dort wo früher jahrhundertelang Latein geredet wurde, fanden die Menschen es irgendwann nicht mehr passend, *vivebo* zu sagen, wenn sie ausdrücken wollten: »Ich werde leben.« Sie sagten lieber *vivere habeo*, was eigentlich so viel heißt wie »Ich habe zu leben«. Das wiederum war ihnen zu lang, hatte zu viele Silben. Also zogen sie es zusammen zu *vivrò* im Italienischen, zu *viviré* im Spanischen oder zu *vivrai* im Französischen.

Egal ob in Frankreich, England oder Deutschland: Wer heute mit einer Zeitmaschine 1000 Jahre in die Vergangenheit reisen würde, der hätte wohl kaum eine Chance, seine Landsleute zu verstehen. Die folgenden Gedichtzeilen beispielsweise sind bestes Deutsch. Allerdings so wie es im 9. Jahrhundert im »Hildebrandslied« aufgeschrieben wurde:

Ik gihorta dat seggen,
dat sih urhettun ænon muotin,
Hiltibrant enti Hadubrant untar heriun tuem.

Man muss sich schon gut mit dem Althochdeutschen auskennen, um folgende Übersetzung herauszubekommen (wie sie in diesem Fall Arnd Großmann erstellt hat):

Ich hörte das Sagen,
dass sich Herausforderer einzeln abmühten:
Hildebrand und Hadubrand zwischen zwei Heeren.

Etwas leichter verständlich ist diese nicht ganz wörtliche Übersetzung von Horst Dieter Schlosser:

Ich hörte glaubwürdig berichten,
dass zwei Krieger, Hildebrand und Hadubrand,
allein, zwischen ihren beiden Heeren, aufeinanderstießen.

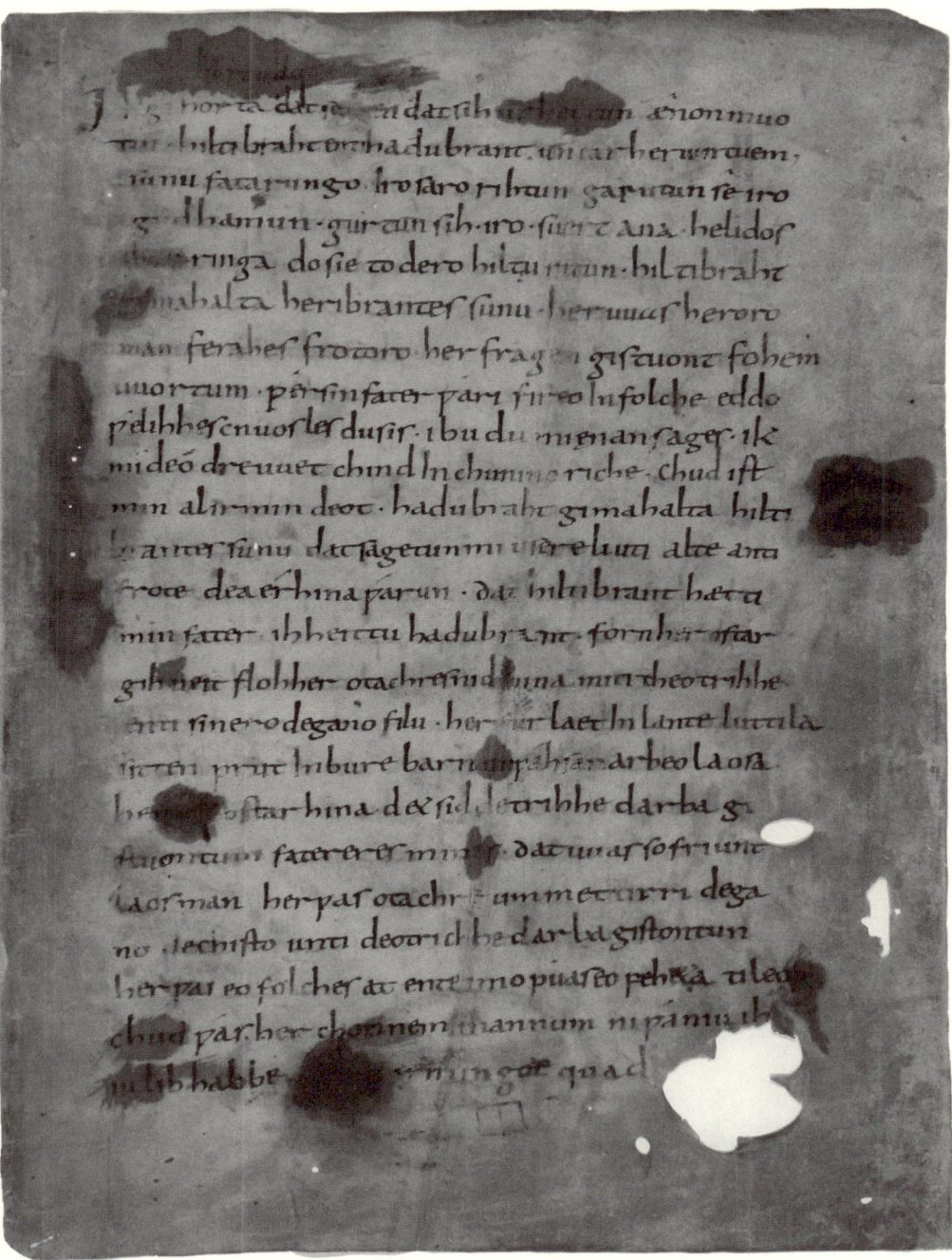

Das Hildebrandslied wurde vor mehr als 1000 Jahren aufgeschrieben. Es zeigt, wie sehr sich das heutige Deutsch vom Althochdeutschen wegentwickelt hat.

Es hat sich einiges getan in der deutschen Sprache, seitdem das Hildebrandslied aufgezeichnet wurde.

– Dort wo früher ein »-t« am Wortende stand (dat), steht (außer in einigen Dialekten) heute ein »-s« (das, dass).
– Das »-k« am Wortende (ik) wurde (wiederum außer in einigen Dialekten) zu »-ch« (ich).
– Aus dem »uo« in »muotin« wurde ein »ü«. Aus dem »i« wurde ein »e« – so heißt es heute: »mühten« statt »muotin«.

Wie sich die Laute alter Sprachformen verändert haben, folgt oftmals den gleichen Regeln. Schon im 19. Jahrhundert haben deshalb Sprachforscher sogenannte Lautgesetze formuliert (siehe auch Kapitel 3).

Lautgesetz	Altsächsisch	Althochdeutsch	Neuhochdeutsch
»p« wird zu »f«	opan	offan	offen
»t« wird zu »ss«	etan	ezzan	essen
»k« wird zu »ch«	makon	mahhon	machen

Diese Gesetze unterscheiden sich in einer Hinsicht deutlich von anderen Gesetzen: Man muss sich nicht an sie halten. Die Bewohner der Britischen Inseln beispielsweise haben sie nicht befolgt. Sie machten aus »opan« nicht »offen«, sondern beließen das »p« und sagen *open*. Auch bei *eat* und *make* haben die Briten die alten Laute bewahrt, die die Deutschen im Laufe der Jahrhunderte veränderten.

Fragt sich nur: Warum?

Es ist also vergleichsweise einfach zu beschreiben, was sich alles ändert in den verschiedenen Sprachen der Welt: Aussprache, Grammatik, Wortschatz. Bei der Frage »*Warum* verändern sich Sprachen?« fangen viele Sprachforscher allerdings erst einmal an herumzudrucksen. Da kann man es als Student schon einmal erleben, dass der Professor sagt: »Diese Frage ist unwissenschaftlich. Wir Wissenschaftler beschreiben das *Wie*. Wir philosophieren nicht über das *Warum*.«

Dass manche Professoren heute so reagieren, ist durchaus verständlich. Denn lange Zeit haben Wissenschaftler Ideen über die Ursachen des Sprachwandels entwickelt, die von Jahr zu Jahr abstruser wurden. Da gab es die Theorie, dass die Deutschen aus den früheren Lauten »p«, »t« und »k« die Laute »f«, »s« und »ch« machten, weil sie die Freiheit liebten. Die Argumentation verläuft so: »p«, »t« und »k« sind Verschlusslaute, bei denen die Luft gegen eine Barriere prallt, die von den Lippen, von Zunge und Zähnen oder von Zunge und Gaumen gebildet wird. Diese Barriere wollten die freiheitsliebenden Sprecher der deutschen Sprache nicht akzeptieren. Deshalb rissen sie sie nieder und ließen beim Sprechen die Luft frei strömen. Heraus kamen »f«, »s« und »ch«.

»Bis in die innersten Laute ihrer Sprache strebten sie vorwärts«, schrieb der Sprachforscher Jacob Grimm im Jahr 1848 über die mittelalterlichen Deutschen. Diesem Drang nach Freiheit sei es also zu verdanken, warum die Deutschen »offen« sagen – und nicht *open*. Oder »essen« und nicht *eten*.

Ein anderer Erklärungsversuch besagte, dass in Ländern mit hohen Gebirgen die Bergbewohner kräftiger ein- und ausatmen. Das sei nötig, weil die Luft in der Höhe dünner ist. Dadurch veränderten die Bergbewohner die Laute ihrer Sprache und durchbrächen etwa die Verschlusslaute »p«, »t«, »k«. Diese Veränderung breite sich dann auch ins Flachland aus, so lautete die These. Und in der Tat: Im flachen Norddeutschland sagt man in den dortigen Dialekten sehr wohl noch *Appel*, *dat* oder *ick.* In Süddeutschland, wo es mehr Berge gibt, sind diese Verschlusslaute gesprengt zu: »Apfel«, »dass«, »ich«. Trotz solcher vermeintlich schlüssiger Belege gelten Thesen wie diese inzwischen als ziemlich unsinnige Spekulation. Unter anderem aus einem simplen Grund: Auch dort, wo es keine Berge gibt, wandelt sich die Sprache der Menschen ständig.

Warum verändern, was gut funktioniert?

Das Hauptproblem bei der Suche nach den Ursachen des Sprachwandels ist eine einfache Gedankenkette. Unsere Vorfahren vor tausend Jahren konnten sich allem Anschein nach hervorragend verständigen. Ihr Werkzeug (die Sprache) hat also das Ziel erreicht, das es erreichen sollte (Verständigung). Warum haben dann die Menschen dieses Werkzeug so sehr verändert, dass wir es heute kaum wiedererkennen?

Bei der Prägung neuer Begriffe ist die Erklärung noch vergleichsweise naheliegend. Als Mobiltelefone auf den deutschen Markt kamen, schien das Wort *Mobiltelefon* zu umständlich. Oder zumindest schien es den Marketing- und Werbefachleuten nicht schick genug. Folgerichtig wurde das Wort *Handy* erfunden. Das war nicht nur handlich, sondern klang auch noch englisch. Und Englisch hat für moderne Deutsche einen guten Klang.

Alles einfacher?

Doch Sprachwandel besteht nicht nur daraus, neue Wörter einzuführen. Auch Grammatik und Aussprache verändern sich. Dort wird gerne Vereinfachung als Triebfeder neuer Entwicklungen genannt. So wurde den Nachfahren der Römer irgendwann das Deklinieren mit sechs verschiedenen Fällen zu mühsam. Schüler, die sich heute mit Ablativ oder Vokativ abmühen, können das sicher verstehen. Als Konsequenz schafften die Bewohner des zerfallenden Römischen Reichs die Fälle ab und ersetzten sie durch Präpositionen.

Statt *linguae* (der Genitiv von *lingua* – »Sprache«) sagen die Italiener lieber *della lingua* oder die Spanier *de la lengua* – was beides so viel heißt wie »von die Sprache«. Also heißt »die Schwierigkeit der Sprache« nicht mehr, wie im Lateinischen, *difficultas linguae*, sondern auf Italienisch *la difficoltà della lingua* oder Spanisch: *la dificultad de la lengua*. Das hat mehr Wörter, man muss sich aber keine Deklinationen merken. Also ist es einfacher. Also scheint die Entwicklung in diese Richtung logisch.

Auch die Briten haben vor einigen Jahrhunderten ihr Deklinationssystem zum größten Teil über Bord geworfen. Das altenglische Wort *scip* für »Schiff« (heute geschrieben: *ship*) hatte nicht nur einen Genitiv (*scipes* – heute: *ship's*), sondern auch einen Dativ (*scipe*), wie im Deutschen »dem Schiffe«. Heute könnte kein Brite oder Amerikaner mit einem solchen Dativ noch etwas anfangen.

Aus dem gleichen Grund der Vereinfachung sind wohl die Deutschen, Österreicher und Schweizer derzeit dabei, den Genitiv abzuschaffen. Wer würde heute noch sagen »Er ist Vater *dreier Kinder*«? Üblich wäre eher »Er ist Vater *von drei Kindern*.« Auch das deutsche Verbsystem wird derzeit vereinfacht. Starke Verben werden fast ausschließlich so gebeugt, wie man es von schwachen Verben kennt. Was würde wohl passieren, wenn ein Schüler in einem Aufsatz schriebe: »Mein Vater schnob vor Wut und frug mich, warum mein Zimmer nicht aufgeräumt sei.« Der Lehrer würde die ersten zwei Verben mindestens unterkringeln, wenn nicht sogar rot als Fehler anstreichen. Heute klingt nur noch »schnaubte« und »fragte« zeitgemäß.

Nicht bloß der Genitiv bei den Hauptwörtern ist dabei zu verschwinden. Auch der Konjunktiv bei den Verben wird immer seltener in der deutschen Alltagssprache. Martin Luther hat vor gut 500 Jahren in seiner Bibelübersetzung an einer Stelle des Lukas-Evangeliums noch immerhin vier Konjunktive in zwei Zeilen untergebracht:

»Denn welchen Nutzen hätte der Mensch, wenn er die ganze Welt gewönne und verlöre sich selbst und nähme Schaden an sich selbst?«

In einer modernisierten Version aus dem Jahr 1997 haben die christlichen Kirchen die Konjunktive komplett gestrichen:

»Was nützt es einem Menschen, wenn er die ganze Welt gewinnt, dabei aber sich selbst verliert und Schaden nimmt?«

Weniger ist mehr?

Als eine Art Naturgesetz galt es lange Zeit auch, dass sich die Aussprache der meisten Sprachen über die Jahrhunderte hinweg verschleift. Belege dafür gibt es einige. Die Spanier machten aus dem Lateinischen *habent* (»sie haben«) das Wort *han* – ähnlich wird im Deutschen zurzeit aus »haben« das neue Wort »ham«.

Wie schnell so ein Wandel vor sich geht und ob er sich durchsetzt, lässt sich nicht so leicht herausfinden. Falls jemand heute erklärt, dass neuerdings die Wörter »bist du« oder »hast du« miteinander verschmelzen, so könnte man leicht entgegnen: Diese Wörter sind schon seit Jahrhunderten verschmolzen. Es war früher sogar in der Schriftsprache üblich, »bistu« und »hastu« zu schreiben. In Luthers Bibelübersetzung heißt es: »Und sie fragten ihn Was denn? Bistu Elias? Er sprach ich bins nicht. Bistu ein Prophet? Und er antwortet Nein. Da sprachen sie zu ihm Was bistu denn?« Und der barocke Dichter Johann von Besser schrieb vor 300 Jahren solche Zeilen: »Wie hastu Rose/voller Pracht/Auf Doris Brust zu sterben wissen?«

Einzelne Buchstaben oder Silben gehen beim Sprechen also schnell einmal verloren. Vor allem Kinder und Jugendliche zeigen auch, dass man sogar ganz gut zurechtkommt, wenn man komplette Wörter weglässt. »Kann ich noch einen Saft?« oder »Darf ich ein Eis?« sind Sätze, die Erwachsene als falsch empfinden, weil das Wörtchen »haben« fehlt. Doch Kinder stören sich nicht an dieser Lücke. Und meistens bekommen sie auch ihren Saft oder ihr Eis. Möglicherweise ist es in 50 Jahren völlig üblich, in solchen Zusammenhängen das Wörtchen »haben« wegzulassen. Dann sagt vielleicht auch der Deutschprofessor zu seiner Sekretärin: »Frau Schmidt, kann ich bitte einen Kaffee?«

Manches wird auch komplizierter

Der menschliche Drang zur Vereinfachung erklärt aber nicht alles. Das Französische beispielsweise ist voll von Ausdrucksformen, die alles andere als einfach sind. Die Franzosen sagen *aujourd'hui*, wenn sie über »heute« sprechen wollen. Andere Nachfahren der Lateiner kommen mit weit kürzeren Wörtern aus. Die Spanier sagen *hoy*, die Italiener *oggi*, was beides auf das Lateinische *hoc diem* zurückgeht. Die Franzosen jedoch liebten es komplizierter. Sie konstruierten ihr *aujour-*

d'hui aus *ad diurnum de hoc diem* – was so viel heißt wie »am Tag dieses Tages«.

Auch die Zählweise der Franzosen ist ein Beleg dafür, dass in der Sprachgeschichte nicht immer alles einfacher wird. Wo andere romanische Völker das Lateinische *octoginta* (achtzig) übernommen und umgeformt haben (spanisch: *ochenta*, italienisch: *ottanta*), haben die Franzosen erst einmal angefangen zu multiplizieren und festgelegt: »Achtzig ist so viel wie vier mal zwanzig, also sagen wir *quatre-vingt*« (vier-zwanzig). Als Vereinfachung kann das nicht gelten.

Und eine der hübschesten Veränderungen in der Aussprache von Wörtern hat garantiert nichts mit Vereinfachung zu tun: die sogenannte *Metathese*. So nennen die Sprachforscher es, wenn Italiener *cocodrillo* sagen und die Spanier *cocodrilo* – statt *crocodilus*, wie es die alten Römer sagten. Hier zeigt sich vor allem eines: Menschen spielen offenbar ganz gerne mal mit ihrer Sprache. Und wenn ihnen das Ergebnis ihres Spielens gefällt, dann bleiben sie dabei. Vielleicht sagen auch die Deutschen irgendwann »Kokodril«.

Die Kinder als Motor der Sprachentwicklung?

Sprache verändert sich also offensichtlich oftmals durch spielerisches Ausprobieren. Das legt den Schluss nahe: Es sind vor allem die Kinder, die zum Sprachwandel beitragen. Da gibt es zum Beispiel ein Kindergartenkind, das einen Spielkameraden namens Florent beharrlich als »Frolent« anredet. Kinder sprechen so. Sie denken nicht groß darüber nach, dass das, was sie sagen, eigentlich falsch ist. Sie machen sich einfach neue Regeln. Kein Erwachsener hingegen käme wohl auf die Idee, immer wieder eine solche *Metathese* zu verwenden.

Ähnlich könnte es mit dem *cocodrilo* in Spanien und Italien gelaufen sein. Kinder haben die Echse so ausgesprochen, versuchshalber sozusagen. Und sie haben sich damit durchgesetzt. Angesichts der Tatsache, dass Kinder und Jugendliche in früheren Zeiten den Erwachsenen zahlenmäßig noch weit überlegen waren, hat ein solches Szenario durchaus etwas für sich.

Vor einigen Jahrhunderten sind Eltern und Lehrer wahrscheinlich auch nicht immer eingeschritten, wenn Kinder etwas anders gesagt haben, als es vorher üblich war. Und es gab früher keine Bücher, kein Fernsehen und kein Radio, die ununterbrochen ihre überregionale Einheitsversion davon verbreiteten, wie Sprache auszusehen und zu klingen hat. Es liegt also nahe, dass man vor der Erfindung des Buchdrucks und der elektronischen Medien toleranter gegenüber Neuerungen war. Heute hingegen wird ein Kind fleißig verbessert, wenn es Wörter in einer neuen Form verwendet, die man bis dahin nirgends lesen oder hören konnte.

Das Gleiche gilt für die Aussprache: In Deutschland wird fast jedes Kind, das lispelt, von seinen Eltern immer wieder korrigiert. Vielleicht schicken sie es sogar zur Logopädin. Im südlichen Spanien hingegen stört sich niemand daran, wenn Kinder lispeln. Dort ist das zischelnde Sprechen die Norm. Das war keineswegs immer so. Vor einigen hundert Jahren klang auch im Süden Spaniens das »s« in vielen Fällen halbwegs wie ein deutsches »s«. Doch irgendwann haben sich die Lispler durchgesetzt.

Kinder deshalb als die alleinigen Erfinder sprachlicher Neuerungen zu betrachten, wäre wohl etwas kurz gedacht. Aber sie tragen sicherlich einen wichtigen Teil zu einer Entwicklung bei, durch die sämtliche Sprecher gemeinsam eine Sprache ständig neu gestalten. Einen anderen Teil steuern kreative Köpfe bei, die sich immer wieder neue Wörter oder Redeweisen ausdenken.

Da kommt eben einmal jemand, der gerne bildhaft spricht, auf den Begriff »Weichei«, um einen andern zu hänseln, den er für etwas überempfindlich hält. In seiner Umgebung findet man den Begriff witzig – irgendwie bahnt sich das Wort seinen Weg in Fernsehshows, verbreitet sich millionenfach und bald darauf gehört der neue Begriff zum allgemeinen Sprachschatz. Und wird sogar Teil einer Werbekampagne für einen Kinofilm: »Was heißt hier Weichei?«

Oder jemand aus Westdeutschland nennt einen ostdeutschen Kumpel »Ossi« – der redet im Gegenzug vom »Wessi«. Die Begriffe verbreiten sich in Windeseile, werden ergänzt, abgewandelt: Besser-Wessi, Jammer-Ossi und so weiter. Oder es gelingt einem Werbetexter, einen Spruch zu prägen, der so griffig ist, dass er nach einiger Zeit sogar in den Ansprachen des Bundespräsidenten und des Vorsitzenden der Bundesärztekammer auftaucht: »Geiz ist geil.«

Warum die Menschen beim Sprechen Neues ausprobieren, ist damit allerdings trotzdem noch nicht ganz beantwortet. Denn es gilt ja immer noch die Feststellung: »Wenn eine Art zu sprechen funktioniert – warum soll man sie dann verändern?« In den letzten Jahrzehnten haben sich verschiedene Thesen herauskristallisiert, mit denen sich einigermaßen plausibel erklären lässt, warum wir nicht mehr so reden wie unsere Vorfahren vor 1000 Jahren.

Nur meine Leute sprechen so wie ich

Da wäre zunächst einmal der Zusammenhalt in der Gruppe: »Wer so spricht wie ich, der gehört zu mir.« Man muss sich nur vorstellen, im Ausland in eine Notsituation zu geraten, um diese Aussage bestätigen zu können. Wer zum Beispiel in Peking überfallen und ausgeraubt worden ist, wird froh sein, wenn er sich an jemand Deutschsprachigen wenden kann. Noch froher wird er sein, wenn er mit einem deutschen Muttersprachler reden kann. Und ganz besonders froh wird er sein, wenn sein Gegenüber den gleichen Dialekt spricht. Ein Schwabe, der sich in Peking von einem Schwaben helfen lassen kann, wird sich besonders gut getröstet fühlen. Gleiche Sprache und gleicher Dialekt schaffen Nähe und Vertrauen.

Früher haben die Menschen genau aus diesem Grund ihre Art zu sprechen verändert und damit neue Dialekte und schließlich neue Sprachen entwickelt, glaubt der britische Wissenschaftler Robin Dunbar: Damit sie erkennen können, wer zu ihnen gehört und wem sie vertrauen können.

Dunbars Gedankenkette für diese These verläuft so: Als die Menschen noch in kleinen Siedlungen lebten, waren die Dorfbewohner nicht nur Nachbarn, sondern meist direkt oder indirekt miteinander verwandt. Denn früher ist man nicht weit gereist, um zu heiraten, man hat sich meist für die Tochter bzw. den Sohn des Nachbarn oder aus einem Haus einige Straßen weiter entschieden. Im Dorf alter Zeiten waren also die meisten Bewohner einer Region entfernte Cousins, Cousinen, Neffen oder Nichten. Das hieß gleichzeitig: Wer in der Nähe wohnte, gehörte im weitesten Sinne zur Verwandtschaft. Und wer zur eigenen Sippe gehört, dem sollte man vertrauen können – diese Regel ist so alt wie die Menschheit.

Ob aber jemand tatsächlich zur Verwandtschaft im weitesten Sinne gehört oder ob er nicht vielleicht doch ein Zugereister ist, kann man jedoch nicht an der Nase oder den Augen sehen.

Um kenntlich zu machen, wer zueinandergehört, wem man deshalb vertrauen kann und wem man im Gegenzug nicht so sehr vertrauen soll, haben sich verschiedene Gruppen verschiedene Sprechweisen zugelegt, meint der Forscher Dunbar. Das ging natürlich nur, wenn die Menschen ihre Sprache abgewandelt haben. Die Dialekte und die Sprachen, die sich aus ihnen entwickelten, waren also ein Erkennungszeichen: »Ich spreche so wie du, also gehöre ich zu deiner Sippe. Also kannst du mir vertrauen.«

Was für das Leben und Arbeiten in der alten bäuerlichen Dorfgesellschaft galt, lässt sich zum Teil durchaus auf die heutige Welt übertragen. Wer einen Bürojob hat und von seinen Kollegen ernst genommen werden will, der darf natürlich nicht sagen: »Ich gehe gleich zu einem Treffen, bei dem wir über neue Arbeitswerkzeuge für die Geschäftsführung reden.« Das muss vielmehr heißen: »Ich gehe gleich in ein Meeting, bei dem wir über neue Tools fürs Management reden.« Schritt für Schritt bürgern sich auf diese Weise neue Wörter im Deutschen ein: Meeting, Management oder Tools. Wer solche Wörter benutzt, macht klar, dass er zur Gruppe der Büroleute gehört. Oder zumindest gehören möchte.

Abwechslung macht interessant

Der Manager, der im Meeting über neue Tools redet, will aber nicht nur von seinen Kollegen anerkannt werden. Er möchte auch, dass man ihm zuhört. Oder er will, dass seine Texte, die er herumschickt, aufmerksam gelesen werden. Das wiederum gelingt ihm nur, wenn er seine Zuhörer und Leser nicht langweilt. Und das schafft er am besten, wenn er Wörter und Sätze ab und zu ein wenig anders gestaltet, als man es gewohnt ist. Guter Stil beim Sprechen und Schreiben ist ein Stil, der immer wieder Überraschungen enthält – das lehren Dichter und Schriftsteller schon seit Jahrtausenden. Da wundert es nicht, wenn Wörter Stück für Stück im alltäglichen Sprachgebrauch ihre Bedeutung verändern und sich neue Wörter einbürgern.

Mit dem Wörtchen »schwächeln« beispielsweise haben zunächst wohl Sportler und Sportreporter ihr Reden und Schreiben gewürzt. Von dort hat sich der Begriff ausgebreitet – in den Jargon von Büroleuten (»unser Aktienkurs schwächelt etwas«), aber auch in Kneipengespräche (»Was? Drei Bier und du schwächelst schon?«). Und schon war ein neues Wort geboren.

Vorhersage unmöglich

Die Entwicklung der Sprachen hat also viel mit Ausprobieren und Herumspielen zu tun. Manchmal bleibt das erhalten, was einfacher und praktischer ist. Manchmal aber setzt sich etwas nur aus dem Grund durch, dass es den Menschen gefällt. Obwohl es keineswegs einfacher oder praktischer ist. Eine logisch zwingende Richtung nimmt die Entwicklung der Sprache nie.

Dass sich die Entwicklung der Sprache nicht nach der Logik richtet, zeigt sich auch auf einem anderen Feld. Die unterschiedlichen Sprachgemeinschaften haben keinerlei Probleme damit, wenn ihr Wortschatz gewisse *Lücken* aufweist. Im Deutschen etwa gibt es eine echte Wortschatzlücke für das Gegenteil von »durstig«. Es wäre logisch, sie zu schließen. Doch offenbar stört sich niemand wirklich an diesem Loch im Wörterbuch. Der Versuch des Satirikers Robert Gernhardt jedenfalls, der im Jahr 1975 diese Lücke füllen wollte, ist fehlgeschlagen. Sein folgender Brief an die Wörterbuch-Redaktion des »Duden« blieb unbeachtet. Denn künstliche Wörter *bewusst* neu einzuführen, gelingt fast nie.

Schreiben, die bleiben Höhepunkte abendländischer Briefkultur, ausgewählt von Kaplan Klappstuhl. Folge 27.

An die Dudenredaktion, Abt. Neue Worte.

Betr. Anregung

Sehr geehrte Herren !

Mir ist aufgefallen, daß die deutsche
Sprache ein Wort zuwenig hat. Wenn man nicht
mehr " hungrig " ist, ist man "satt " .
Was ist man jedoch, wenn man nicht mehr "durstig"
ist ? Na ? Naa ? Na bitte ! Dann "hat man seinen
Durst gestillt" oder "man ist nicht mehr durstig"
und was dergleichen unschöne Satzbandwürmer
mehr sind . Ein k n a p p e s einsilbiges
Wort für besagten Zustand fehlt jedoch,
ich würde vorschlagen, dafür die Bezeichnung
" schmöll " einzuführen und in Ihre Lexika auf -
zunehmen .

Mit vorzüglicher Hoachtung

Werner Schmöll

Interessante Internet-Adressen:

Seite der Universität Leipzig mit Auflistung, wie oft neue Wörter
in der Presse auftauchen:
http://wortschatz.uni-leipzig.de/

Seite der Universität Tübingen mit einer Sprachaufnahme des
althochdeutschen Hildebrandslieds:
http://www.uni-tuebingen.de/mediaevistik/materialien/hildebrant.htm

9. Eine Erfindung – wichtiger als Rad und Feuer
Oder: Seit wann schreibt der Mensch?

Die Filmszene zeigt einen großen Zauberer. Zumindest glaubt der Indianerhäuptling in dem Streifen »Blackrobe«, der 1991 in die Kinos kam, dass er es mit einem Magier zu tun hat, als er einem französischen Missionar gegenübersteht. Denn der Indianer aus dem Volk der Huronen beobachtet, wie der Mann mit der schwarzen Kutte einem anderen seine Gedanken übermittelt, ohne dass sie miteinander sprechen. Sprache ohne Sprechen? Kein Zweifel: Da muss Magie im Spiel sein.

Die Männer, die von jenseits des Meeres gekommen sind, tun ihrer eigenen Meinung nach nichts Besonderes. Sie tauschen einen Zettel aus, auf den der eine Striche, Bögen, Kreise, Punkte malt – und der andere weiß sofort, was der Schreiber sagen will. Für den Indianer aus dem Norden Amerikas, der noch nie etwas von Schrift gehört hat, wirkt das jedoch wie pure Zauberei.

Heute ist in allen Ländern der Welt Schrift etwas Alltägliches geworden, selbst dort, wo es noch viele Menschen gibt, die nicht lesen und schreiben können. Ohne Schrift könnte keine moderne Gesellschaft mehr funktionieren. Das Schreiben ist zwar eine der jüngeren Erfindungen in der Menschheitsgeschichte. Aber es ist vielleicht die wichtigste Erfindung in der menschlichen Kultur, mindestens genauso wichtig wie Feuer und Rad.

Lange Zeit war allerdings in Vergessenheit geraten, wie die ersten Schritte zur Schrift erfolgt sind. Erst im 19. und 20. Jahrhundert gelang es, die frühesten Schriftdokumente vergangener Jahrtausende wieder zu entziffern. Nur so konnten sich Sprachgelehrte ein Bild machen, wie sich die Kunst des Schreibens entwickelt hat.

Ein bedeutender Fund in der Wüste

Besonders rätselhaft erschien für Jahrhunderte eine der ältesten Schriften der Menschheit: die ägyptischen Hieroglyphen. Vor etwa 5400 Jahren begannen die Menschen, die rund um den Nil lebten, Zeichen in Stein zu meißeln und auf Papyrus zu malen, die mehr waren als nur Bilder. Zwar enthielt die Hieroglyphenschrift viele einzelne kleine Abbildungen, wie Käfer, Schiffe, Hände, Augen. Doch jeder, der versuchte, Hieroglyphen-Inschriften zu entziffern, merkte bald, dass da mehr stand als beispielsweise »Der Mann sieht einen Käfer« in Form von »Mann – Auge – Käfer«.

Der erste große Durchbruch im jahrhundertelangen Rätselraten um die Hieroglyphen geschah, als französische Soldaten 1799 in der Nähe einer ägyptischen Stadt, die sie Rosette nannten, einen Felsblock fanden. Die Platte aus schwarzem Granitstein war 1,14 Meter hoch, 72 Zentimeter breit, 28 Zentimeter dick und wog so viel wie zehn Männer. Und das gewaltige Stück Stein stellte sich vor allem als ein Schriftdokument von historischer Bedeutung heraus. Auf der Vorderseite war eine Inschrift eingemeißelt, die auf drei verschiedene Weisen verfasst worden war: in alten Bilder-Hieroglyphen, in einer vereinfachten Form der Hieroglyphen, der sogenannten demotischen Schrift, und auf Griechisch.

Es lag auf der Hand, dass die drei unterschiedlichen Texte den glei-

Der 1799 gefundene Stein von Rosette war der Schlüssel zur Entzifferung der Hieroglyphen.

chen Inhalt hatten. Damit schien die Entzifferung der altägyptischen Schrift greifbar nahe. Denn Griechisch beherrschten die meisten Sprachgelehrten damals so halbwegs. Es ging also nur noch darum abzugleichen, welche Hieroglyphenzeichen den griechischen Wörtern entsprachen, und schon hätte man die Ägypter-Schrift entziffert gehabt. Ganz so schnell ging es aber doch nicht. Denn es stellte sich heraus, dass die Hieroglyphen-Bilder keineswegs immer für ganze Wörter standen, sondern offensichtlich häufig auch für Silben oder Buchstaben. Was die Hieroglyphen bedeuteten, war deshalb erst einmal weiter rätselhaft.

Ein ehrgeiziger Forscher

Doch die Forscher blieben hartnäckig. Der zweite große Durchbruch auf dem Weg zur Entzifferung der Hieroglyphen geschah, als sich ein junger Franzose des Rätsels annahm. François Champollion wurde 1790 geboren und konnte bereits im Alter von neun Jahren antike Werke auf Latein lesen. So wird es zumindest berichtet. Champollion interessierte sich schon als junger Mann brennend für die Kultur des alten Ägypten. Und er machte es sich zum Ziel, das Geheimnis der Hieroglyphen endlich zu lüften.

Die Texte auf dem Stein von Rosette waren für ihn dabei ein wertvolles Hilfsmittel. Daneben studierte und verglich er die Inschriften auf altägyptischen Obelisken. Anderen Sprachgelehrten war bereits aufgefallen, dass in den Hieroglyphen-Texten, die in diese Steinsäulen gemeißelt waren, bestimmte Zeichenfolgen von einem Oval umgeben waren. Bald kam die Vermutung auf, es handele sich bei diesen sogenannten *Kartuschen* um die Namen von Königen.

Damit wurde klar, dass der Königsname »Ptolemaios«, der im griechischen Teil des Steins von Rosette mehrfach auftauchte, eine Entsprechung in einer Hieroglyphen-Kartusche hatte. Auf der Basis dieser Vermutung verglich Champollion eine Zeichenfolge, von der bekannt war, dass sie für die Königin Kleopatra stand, mit dem Königsnamen Ptolemaios, der auf dem Stein von Rosette eingemeißelt war. Bei diesem Vergleich kam Champollion zu dem Ergebnis, dass die Hieroglyphen nicht immer für ganze Worte oder Ideen stehen mussten, sondern auch einzelne Laute darstellen konnten, beispielsweise eine Art Quadrat ein »p« oder ein liegender Löwe ein »l«. Zumindest wenn es darum ging, ausländische Namen zu buchstabieren, verwendeten die alten Ägypter offensichtlich diese Möglichkeit.

Von diesem ersten Anhaltspunkt aus begann Champollion weiterzuforschen. Er trug ganz wesentlich dazu bei, den Hieroglyphen ihr Geheimnis zu entlocken. Dieses Geheimnis besteht darin, dass jedes Zeichen unterschiedliche Funktionen haben kann. Zum einen können die Hieroglyphen-Bilder tatsächlich direkt für den Begriff stehen, den sie abbilden – das Bild eines Auges kann tatsächlich »Auge« bedeuten.

Daneben können die Bilder etwas indirekter auf einen Begriff hinweisen. Beispielsweise steht ein krummer Stab für »Herrscher«, weil ein solcher Stab bei den ägyptischen Pharaonen das war, was für europäische Könige das Zepter wurde. Als dritte Funktion kann eine Hieroglyphe aber auch für einen einzelnen Laut stehen – ein Halbkreis (der einen Brotlaib darstellen soll) etwa für den Laut »t«. Und schließlich kann eine Hieroglyphe den Zweck haben, andere Hieroglyphen besser deutbar zu machen. Diese sogenannten »Determinative« zeigen unter anderem an, ob das Bild eines Armes tatsächlich für »Arm« steht oder für etwas anderes.

Mit Bildzeichen wie Augen oder Vögeln gaben die alten Ägypter schon vor mehr als 3000 Jahren ihre Sprache schriftlich nieder – hier eine Darstellung und Beschreibung einer Grabkammer.

Eine Wurzel mit vielen Verzweigungen

Alles in allem war das Hieroglyphen-System der alten Ägypter beileibe nicht einfach zu schreiben und zu lesen. Für eine schnell hingekritzelte Nachricht eignete es sich nicht sonderlich gut. Zunächst waren die Hieroglyphen allerdings auch für andere Zwecke gedacht: um in öffentlichen Inschriften die Taten von Königen zu rühmen oder auf Papyrusrollen religiöse Glaubensvorstellungen festzuhalten. Die Ägypter haben mit der Erfindung der Hieroglyphen jedoch einen ungeheuer wichtigen Schritt getan. Sie haben begonnen, Gedanken und Sprache festzuhalten. Vorher waren diese so flüchtig gewesen wie die Luft, die beim Sprechen zwischen den Lippen hindurchströmt.

Bald erkannten die Ägypter, wie nützlich Schrift auch im Alltag und vor allem im Geschäftsleben sein kann. Damit man nicht immer umständlich Bilder malen musste, entwickelten sie eine vereinfachte Hieroglyphen-Schrift, die sich rasch zu Papier bringen ließ – die sogenannte hieratische Schrift. So gingen die Menschen am Nil vor Tausenden von Jahren bereits die ersten Schritte eines Wegs, der letzten Endes auch in die Schrift mündete, in der dieses Buch geschrieben ist.

Bücher auf Tontafeln

Wie schnell sich Schriftzeichen von Bildern loslösen können, haben neben den Ägyptern auch andere Hochkulturen des Nahen Ostens gezeigt. Vor rund 5000 Jahren siedelte in der Region, in der heute der Irak liegt, das Volk der Sumerer. Sie galten als fleißige Geschäftsleute und Händler. Um ihren Handel besser organisieren zu können, fingen sie

1	2	3	4	5
				Stern, Gott, Himmel, oben: Silbenwert *an*
				Gebirge, Land: Silbenwert *kutmat, schad* usw.
				Wasser: Silbenwert a
				Fisch: Silbenwert *cha*
				Rind (Rinderkopf mit Hörnern von vorn)
				Rind des Gebirges = Wildstier: Silbenwert *am*
				Fuß, gehen, stehen; Silbenwert *du, gub* usw.
				Vom Fuß die Sohle = Unterlage, Fundament
				Kopf mit Bart: Silbenwert *sag, resch*
				Vom Kopf der Mund = Mund: Silbenwert *ka*
				Mund und Wasser = trinken; Silbenwert *nag*
				Dolch
				Rock oder Kleid: Silbenwert *tug*
				Tempel(fassade), Haus

Die Keilschrift entwickelte sich aus der Darstellung von konkreten Gegenständen hin zu völlig abstrakten Zeichen.

Die Sumerer drückten ihre Keilschrift mit Holzgriffeln in weiche Tontafeln, von denen viele mehr als 4000 Jahre überdauert haben und bis heute erhalten sind.

etwa zur gleichen Zeit, in der die Ägypter ihre Hieroglyphen entwickelten, damit an, sich eine eigene Schrift auszudenken: die Keilschrift.

Ihren Namen hat diese Schrift bekommen, weil die einzelnen Zeichen stets aus mehreren keilförmigen Elementen zusammengesetzt sind. Sie entstanden, wenn die sumerischen Schreiber einen Griffel in weichen Ton drückten. Die Tontafeln ließ man härten und hatte damit ausgesprochen haltbare Dokumente.

Auch die Sumerer haben mit den Keilbildern zunächst Figuren aus der wirklichen Welt nachgebildet. Diese »Keilmalerei« hat sich dann rasch von erkennbaren Bildern entfernt. Gleichzeitig verwendeten die Sumerer die Zeichen bald nicht mehr, um ganze Wörter zu schreiben, sondern um Silben wiederzugeben, beispielsweise »tug« oder »an«. Andere Völker aus der Region erkannten schnell, welche Vorteile die Erfindung der Sumerer bot. So übernahmen Babylonier und Assyrer die Keilschrift und entwickelten sie weiter. Rund 3000 Jahre war das Griffel-Ton-System in Gebrauch. Erst in der Zeit um Christi Geburt wurde die Keilschrift von Schriftsystemen verdrängt, die leichter handhabbar waren.

Die Erfindung des Alphabets

Schon bald geschah etwas, was in der Menschheitsgeschichte immer wieder geschieht, wenn jemand eine gute Idee hat: Andere, die nicht selbst einen solchen Einfall hatten, griffen die fremde Idee auf und entwickelten sie weiter. So ließen sich die Völker, die dort lebten, wo heute Staaten wie Libanon und Israel liegen, von den Schriften ihrer Nachbarn inspirieren. Vor allem die Phönizier taten sich hier hervor.

Dieses besonders für den Handel begabte Volk führte eine wichtige Neuerung ein: Die phönizischen Schriftzeichen standen nicht für Wörter oder Silben, sondern für einzelne Laute. Nur eines fehlte der Schrift der Phönizier. Sie hatte keine Zeichen für die Selbstlaute wie a, e, i, o und u. Denn die Phönizier fanden, dass die Vokale entbehrlich seien. In der Tat erkennt ein geschulter Leser sofort, was gemeint ist, wenn er folgenden Satz sieht, und vor allem wenn er ihn laut vorliest: DSN STZ VRSTHT JDR, DR LSN KNN.

Die Ideen der Phönizier fanden wiederum ihre Nachbarn aus Grie-

Phönizisch	phönizischer Name	modernes Symbol	Früh-griechisch	klassisches Griechisch	griechischer Name	Frühlatein	klassisches Latein
	’alef	’			alpha		A
	bet	b			beta		B
	gimel	g			gamma		C
	dalet	d			delta		D
	he	h			epsilon		E
	waw	w			digamma		F
							G
	sajin	s			zeta		H
	chet	ch			eta		
	tet	t			theta		I
	jod	j			jota		(J)
	kaf	k			kappa		K
	lamed	l			lambda		L
	mem	m			my		M
	nun	n			ny		N
	samech	s			xi		
	ajin	‘			omikron		O
	pe	p			pi		P
	zade	s			saw		
	kof	o			qoppa		Q
	resch	r			rho		R
	sin/schin	s/sch			sigma		S
	taw	t			tau		T
					ypsilon		V
					chi		X
							Y
					omega		Z

| PHÖNIZISCH | | | GRIECHISCH | | | LATEINISCH | |

Von Phönizien über Griechenland entwickelte sich das Alphabet, wie wir es heute kennen.

chenland faszinierend. Allerdings fanden es die Griechen wesentlich einfacher, etwas zu lesen, wenn die Schrift auch die Vokale der gesprochenen Sprache wiedergab. Deshalb gingen sie einen weiteren wichtigen Schritt. Sie nahmen Zeichen, die bei den Phöniziern für Konsonanten oder nahöstliche Kehllaute standen, und ordneten diesen Zeichen einen vollwertigen Vokal zu.

So stand bei den Griechen das phönizische Zeichen »Alef« nicht mehr für einen phönizisch-kehligen Laut, der ein bisschen wie ein Hüsteln klingt. Vielmehr setzten sie den Buchstaben ein, um den Laut »a« wiederzugeben, und nannten das Zeichen »Alpha«. Mit dieser Grundidee konstruierten die Griechen ihr eigenes Zeichensystem, das mit den Buchstaben *Alpha* und *Beta* begann – und dementsprechend Alphabet genannt wurde.

Die Idee der Griechen fanden wiederum die Menschen ausgesprochen nützlich, die auf der italischen Halbinsel lebten. Etrusker und vor allem Römer übernahmen das griechische Alphabet und gestalteten es weiter um. Sie entwickelten die Schrift, in der die meisten Bücher geschrieben sind, die man heute in Buchhandlungen findet.

Das klingt nicht nur chinesisch, das liest sich auch so

Ägypter und Griechen waren aber nicht die einzigen Hochkulturen, die vor Jahrtausenden anfingen, Gedanken und Ideen aufzuschreiben. Eine mindestens ebenso wichtige Schrifttradition haben die Chinesen vor gut 4000 Jahren begründet. Es ist umstritten, ob die frühen Bewohner Chinas auf verschlungenen Wegen Anregungen der Ägypter und Sumerer mitbekommen haben, also nicht ganz alleine aufs Schreiben kamen. Oder ob vielleicht auch auf dem umgekehrten Weg chinesische Einflüsse in den Orient und nach Europa gelangten. Jedenfalls fing man auch in China zunächst damit an, Bilder zu malen, um das gesprochene Wort festzuhalten.

Bedeutung	Alte Form	Heutige Form
Sonne	⊙	日
Berg	⋀	山
Feld	⊞	田

Die chinesische Wortschrift, bei der ein Zeichen zunächst für ein ganzes Wort stand, entwickelte sich schnell weiter. Die Striche wurden bald so zusammengesetzt, dass nur noch in wenigen Fällen der direkte Zusammenhang mit dem ursprünglich gemeinten Bild sofort zu erkennen war. Und die Wortschrift verwandelte sich in eine Silbenschrift, das heißt, ein Zeichen steht nicht unbedingt für ein ganzes Wort, sondern eventuell nur für eine Silbe. Das kommt dem Wesen der chinesischen Sprache sehr entgegen. Denn sie besteht vor allem aus einsilbigen Wörtern, die unterschiedlich betont werden, um die verschiedenen Bedeutungen deutlich zu machen. Ähnlich wie im Deutschen ein als Frage gemeintes »So?« anders ausgesprochen wird als ein »So!«, das als Antwort gemeint ist.

Dementsprechend bestehen chinesische Schriftzeichen meist aus zwei Elementen. Eines macht klar, worum es in etwa geht. Der zweite Teil des Zeichens gibt Hinweise auf die Aussprache. Wenn der Leser die Elemente zusammen betrachtet, weiß er, was gemeint ist. Das Wort für »Mutter«, das klingt wie ein gleichmäßig ausgesprochenes »ma«, wird beispielsweise durch das Grundzeichen für »Frau« gebildet und durch einen Zusatz, der die Aussprache angibt. Auf diese Weise lässt sich das »ma« für »Mutter« von den etwa zehn anderen Aussprachemöglichkeiten der chinesischen Silbe »ma« unterscheiden, die andere Bedeutungen haben, zum Beispiel »Hanf«, »schimpfen« oder »Pferd«.

Es liegt auf der Hand, dass viele verschiedene Zeichen nötig sind, um auf diese Weise eine Sprache wiederzugeben. Der chinesische Kaiser K'ang Hsi ließ in einem Wörterbuch vor rund 300 Jahren fast 50 000 Zeichen auflisten – das war der Höhepunkt der Entwicklung der chinesischen Schriftzeichen. Heute werden als Grundwortschatz 2000 bis 4000 Zeichen genutzt, doch auch diese geringere Zahl von Zeichen zu erlernen, braucht viel Zeit. Wer einen Universitätsabschluss macht, beherrscht üblicherweise rund 10 000 Zeichen, von einem Professor werden 20 000 Zeichen erwartet.

Es gab deshalb immer wieder Vorschläge, die lateinische Schrift in China einzuführen. Aber das jahrtausendealte Zeichensystem ist ein so fester Bestandteil der chinesischen Kultur, dass die Pläne zum Scheitern verurteilt waren. Wenn man bedenkt, welche Aufregung es in Deutschland um eine vergleichsweise kleine Rechtschreibreform gegeben hat (siehe Kapitel 10), ist das nicht verwunderlich. Aber immerhin sind in den letzten Jahrzehnten zahlreiche Vereinfachungen der chinesischen Schriftzeichen vorgenommen worden.

Die komplizierteste Schrift der Welt

Nicht nur in Europa übernahmen verschiedene Völker immer wieder die Schriften ihrer Nachbarn. In Asien geschah das Gleiche, mitunter mit beachtlichen Folgen. Die Japaner führten vor etwa 1500 Jahren die Schrift der Chinesen in ihr Land ein. Es gab nur ein Problem: Sie passte nicht recht zur japanischen Sprache. Deshalb ergänzten die Japaner die ohnehin schon komplizierten chinesischen Schriftzeichen, die sie Kanji nannten, um zusätzliche Silbenzeichen. Mit diesen wird klargemacht, was die chinesischen Zeichen in der japanischen Sprache genau bedeuten.

Diese Ergänzungszeichen, die Kana, untergliedern sich wiederum in zwei Gruppen: die Hiragana und die Katakana. Auch lateinische Buchstaben kommen in japanischen Texten regelmäßig vor, z. B. »TV« – sie heißen in Japan »Romanji«. Wegen dieser bunten Mischung komplizierter Zeichen gilt das japanische Schriftsystem als das komplizierteste der Welt.

So ist es nicht verwunderlich, dass japanische Schüler wesentlich länger brauchen, um Lesen und Schreiben zu lernen, als beispielsweise europäische Kinder. Es gibt sogar Berichte, dass in den 50er-Jahren des vergangenen Jahrhunderts, als das Schrift-Lernpensum in den Schulen deutlich erhöht wurde, zur gleichen Zeit die Zahl der Selbstmorde unter Schülern deutlich zunahm.

Dass Japan die komplizierteste Schrift der Welt benutzt, hat seinen Aufstieg zu einer der wichtigsten Nationen in der Wirtschaft, aber auch in der Kultur nicht behindert. Im Gegenteil: Europäische Kenner der japanischen Sprache sagen, dass sich aus einem japanischen Text der grobe Inhalt schon bei einem schnellen Überfliegen gut erschließen lässt – denn die Kanji sind dafür besonders gut geeignet.

Und das komplizierte Schriftsystem hat nicht verhindert, dass japanische Firmen von Anfang an eine bedeutende Rolle auf dem Markt für Computer gespielt haben, deren Tastatur ja weltweit mit lateinischen Buchstaben ausgestattet ist. Die Fachleute von Sony, Toshiba oder Fujitsu benutzen einfach eine lateinische Umschrift für ihre Sprache. Der Computer macht dann auf dem Bildschirm Vorschläge, welche japanischen Schriftzeichen zu verwenden sind. Oder Büroleute texten am Computer gleich auf Englisch.

Auch wir schreiben mit Bildern

Viele Völker in Asien schreiben also heute noch mit Zeichen, die auf Bilder zurückgehen. Doch auch die Buchstaben, die in Europa, Amerika, Afrika und Australien verwendet werden, lassen sich auf Schriften zurückführen, die aus Bildern bestanden. An einigen Stellen lässt sich das ursprüngliche Bild sogar noch erkennen. Der Buchstabe »A« kam vom phönizischen *Alef* über das griechische *Alpha* ins moderne europäische Alphabet. *Alef* wurde ursprünglich andersherum geschrieben: ∀. Wenn man weiß, dass das phönizische Wort *Alef* auf Deutsch »Ochse« bedeutet, erkennt man leicht den nach unten spitz zulaufenden Kopf eines Rindes mit zwei Hörnern.

Das »A« ist nicht der einzige Buchstabe, der immer wieder gedreht wurde. Auch unser heutiges »E« schaute einmal in eine andere Richtung, ebenso wie »F« oder »L«. Die Erklärung dafür ist relativ einfach. Lange Zeit war es für Schreiber nicht so wichtig, in welche Richtung man den Text lesen sollte. Hieroglyphen konnten rechtsherum oder linksherum gemalt und gemeißelt werden. Auch im alten Griechenland lief die Schrift teilweise von rechts nach links, so wie es heute noch bei der arabischen und der hebräischen Schrift üblich ist.

Zeitweise schrieben die Griechen sogar in Schlangenlinien, *bustrophedon* heißt der Fachbegriff dafür. Wörtlich übersetzt bedeutet das: »Wie der Ochse pflügt.« Das heißt, eine Bustrophedon-Schrift läuft erst von links nach rechts, dann wechselt sie am Zeilenende die Schreibrichtung, die Buchstaben werden in Spiegelschrift geschrieben, dann dreht die Richtung wieder – und immer so weiter.

Die Vorschriften für die Verwaltung der Stadt Gortyna auf Kreta wurden vor zweieinhalbtausend Jahren in »Bustrophedon-Schrift« in Stein gemeißelt: Die Schreibrichtung wechselt in jeder Zeile.

EINE SOLCHE SCHRIFT IST FÜR UNS ETWAS GEWÖHNUNGSBEDÜRFTIG,

ABER WENN MAN DAS GRUNDPRINZIP ERST EINMAL VERSTANDEN HAT,

DANN IST ES GAR NICHT SO SCHWER, EINE ZEILE NORMAL ZU LESEN,

UM DANN EINE ZEILE VON RECHTS NACH LINKS ZU LESEN,

DANN NIMMT DER »PFLÜGENDE OCHSE« WIEDER EINE ANDERE RICHTUNG,

DOCH MIT ETWAS ÜBUNG IST DIE BUSTROPHENDONSCHRIFT GUT LESBAR.

Bei diesem ständigen Hin- und Herdrehen ist es kein Wunder, dass die Buchstaben immer wieder ihre Ausrichtung veränderten, bis sie schließlich so stehen geblieben sind, wie wir sie heute kennen. Und das Hin- und Herwechseln zwischen »normaler« Schrift und Spiegelschrift scheint den

Menschen im Blut zu liegen. Diesen Eindruck bekommt man zumindest, wenn man verfolgt, wie Kinder das Schreiben lernen. Viele Lese- und Schreibanfänger probieren mit großer Begeisterung zunächst auch immer mal wieder gespiegelte Buchstaben aus.

Die Entwicklung steht nicht still

Die Römer hatten vor mehr als 2000 Jahren das Alphabet im Wesentlichen zu Ende entwickelt. Dennoch ist die Entwicklung weitergegangen. Im Mittelalter pflegten vor allem Mönche in ihren Klöstern die Kunst des Schreibens. Sie entwickelten auch die Kleinbuchstaben, die sogenannten Minuskeln.

Eine weitere Revolution erlebte die Schrift Mitte des 15. Jahrhunderts. Damals entwickelte Johannes Gutenberg die Grundlagen des modernen Buchdrucks. Zwar war es schon lange vorher weitverbreitet gewesen, Texte beispielsweise in Holz zu schnitzen, um sie zu vervielfältigen. Die Drucker beschmierten die geschnitzten Holzstöcke mit Farbe, legten Papier darauf und übertrugen auf diese Weise den Text. Dieses Verfahren war allerdings ausgesprochen aufwendig und lieferte auch keine besonders gute Druckqualität.

Gutenberg kam in den 30er-Jahren des 15. Jahrhunderts auf die Idee, man könnte Buchstaben einzeln in Metall gießen und immer so zusammensetzen, wie man sie gerade braucht. Er verfeinerte dieses Verfahren so lange, bis es ihm gelang, erstmals in der westlichen Welt gedruckte Bücher in hoher Qualität und in größerer Zahl herzustellen. Der Grundstein für die Entwicklung von Büchern und Zeitungen als Massenmedien war gelegt.

In China und Korea waren ähnliche Ideen zwar schon lange vorher

In den mittelalterlichen Klöstern entwickelten Mönche die lateinische Schrift kunstvoll weiter – hier ein Blatt aus einem Evangeliar, das im 9. Jahrhundert in der sogenannten karolingischen Minuskel-Schrift geschrieben wurde.

bekannt. Dennoch gilt Gutenberg als der Erfinder des modernen Buchdrucks. Denn er konnte den Vorteil ausnutzen, dass das lateinische Alphabet nur wenige Buchstaben umfasst. Entsprechend einfach war es für ihn, aus einer geringen Zahl verschiedener Lettern immer neue Texte zu setzen. Die chinesischen Buchdrucker früherer Jahrhunderte hingegen hatten es mit ihren vielen Schriftzeichen wesentlich schwerer. Dementsprechend fand der Buchdruck in China zunächst nur eine vergleichsweise geringe Verbreitung, während er in Europa nach der Erfindung Gutenbergs einen wahrhaften Siegeszug antrat.

Handwerklich wie auch künstlerisch begabte Männer bemühten sich in den folgenden Jahrhunderten, Buchstaben so zu gestalten, dass sie gut lesbar waren und ansprechend aussahen. Viele Schriften erhielten die Namen derer, die sie mit viel Mühe und Liebe entwickelten. Heute noch findet sich in den Schriften, die die gängigen Computerprogramme bereitstellen, unter anderem das Erbe des Franzosen Claude Garamond, der um 1530 seine **Garamond-SCHRIFT** entwickelte. Auch sein Kollege Giambattista Bodoni aus Italien (1740–1830) ist mit seiner **Bodoni-SCHRIFT** noch überall präsent, wo gedruckt wird.

Von Zauber und Geheimkunst zur alltäglichen Kulturtechnik

Es ist ein langer Weg, den die Schrift zurückgelegt hat: von Zeichen, die mit viel Aufwand gemeißelt und gemalt wurden, um die wichtigsten Dinge des Lebens und des Todes festzuhalten, bis zum flüchtigen virtuellen Text, der in die Tastaturen von Computern und Handys getippt wird. Schrift ist heute so präsent im Alltag und im Berufsleben wie nie zuvor in der Menschheitsgeschichte. Noch vor 40 oder 50 Jahren, als es relativ aufwendig war, mit der Hand oder einer Schreibmaschine einen Text zu verfassen, wurde weit weniger durch Schriftzeichen mitgeteilt als heute. Erst mit dem massenhaften Versand von E-Mails und SMS sowie der Abfassung von Milliarden von Internet-Seiten hat die Schrift ihren wahren Siegeszug angetreten.

Schreiben ist heute in den modernen Industrienationen fast genauso alltäglich geworden wie Sprechen. Damit ist die Schrift allerdings auch in Gefahr geraten. Junge Leute begeistern sich kaum noch für den altehrwürdigen Lehrberuf des Schriftsetzers. Sie lassen sich am ehesten zum Mediengestalter ausbilden. Durch diese Entwicklung könnte langsam, aber sicher das jahrhundertealte Wissen der Schriftsetzer, wie man Texte schön und lesbar gestaltet, in Vergessenheit geraten.

10. Orthographie, Orthografie, Ortografie, Ortografi, ortografi...
Oder: Warum sich Deutschland mit einer Rechtschreibreform so schwertut.

Wenn ein junger Mensch aus England oder Italien im Jahr 2005 nach Deutschland gereist ist, um die Sprache von Goethe und Michael Schumacher zu lernen, dann könnte er sich beim Zeitunglesen etwas gewundert haben. Es ist denkbar, dass er im einen Blatt eine solche Überschrift gefunden hat: *Lehrerverband: »Es tut uns Leid, dass der Orthografie-Kompromiss nicht zu Stande kommt.«* In einer anderen Zeitung hat der Sprachreisende vielleicht folgenden Titel entdeckt: *Lehrerverband: »Es tut uns leid, daß der Orthographiekompromiß nicht zustande kommt.«*

Sechs unterschiedliche Schreibweisen für die gleichen Wörter in einem Satz – dass so etwas bei englischen oder französischen Zeitungen vorkommt, ist unvorstellbar. In Deutschland ist diese Vielfalt seit einigen Jahren Alltag. Die Rechtschreibreform hat es möglich gemacht. Denn sie hat das Land in zwei Lager gespalten.

Nicht nur Zeitungsmacher gehen verschiedene Wege. Sogar Universitätsprofessoren beschimpfen sich gegenseitig wie verfeindete Banden. Die einen werfen den anderen vor, sie würden ein »Desaster« anrichten. Die anderen werfen den einen vor, sie betrieben »Panikmache« und hätten »verschwommene emotionale Vorbehalte«. Es gab Volksbegehren gegen die Reform, ein halbes Dutzend Gerichte musste sich mit dem Thema befassen.

Um nichts haben sich kluge Leute in Deutschland in den letzten Jahrzehnten so heftig gestritten wie um die Rechtschreibreform. Und die zerstrittenen Lager bleiben unversöhnlich. Stellt sich die Frage, warum es eigentlich so schwer ist, die Rechtschreibung in Deutschland so festzulegen, dass alle damit zufrieden sind.

Erstes Hindernis für eine Rechtschreibreform: Es reden furchtbar viele mit

Die Mitglieder der Königlichen Akademie in Spanien hatten es gut, als sie 1713 zum ersten Mal berufen wurden. Sie sollten verbindlich festlegen, was ordentliches Spanisch ist und wie man es schreibt. Das taten sie dann auch völlig unbeschwert. Denn sie hatten die Macht eines Königs im Rücken, der absolutistisch herrschte, dem also niemand widersprechen durfte (siehe auch Kapitel 7).

So konnten die spanischen Sprachgelehrten festlegen, dass – abgesehen von Satzanfängen und besonders wichtigen Wörtern wie *Dios* (Gott) – alles kleingeschrieben werden muss. Sie konnten festlegen, dass es hervorragend und auch gebildet aussieht, *filosofía* zu schreiben. In Deutschland hingegen galt damals schon nur die Schreibweise »Philosophie« als wirklich gebildet – weil »ph« (im Gegensatz zu »f«) an die griechische Herkunft des Wortes erinnert. So meinten zumindest viele deutsche Sprachliebhaber. Und weil die Philosophie in Griechenland ihre Wurzeln hat, müsse man dem Wort seine griechische Herkunft irgendwie ansehen, so verlangen es viele deutsche Sprachfreunde bis heute.

In Italien hatten sogar schon seit 1582 die Mitglieder der Accademia della Crusca angefangen festzulegen, was gut geschriebenes Italienisch ist. Sie hatten zwar nicht die Unterstützung eines mächtigen Königs wie ihre spanischen Kollegen. Denn Italien war damals in viele Herrschaftsbereiche aufgeteilt. Die Akademie in Florenz genoss dennoch bald ein enormes Ansehen.

Niemand in Italien wagte es, dagegen zu argumentieren, wenn die Akademie festlegte, dass Wörter möglichst so zu schreiben sind, wie man sie spricht, und dass es dabei nicht so wichtig ist, wie die alten Römer sie in den Marmor gemeißelt haben. Dementsprechend kam – dank der Accademia della Crusca – nie ein Italiener auf die Idee, »*traditione*« zu schreiben, obwohl das dem Lateinischen entsprechen würde. Jeder Italiener schreibt selbstverständlich *tradizione*. Denn so *spricht* man es in Italien. Also *schreibt* man es auch so. Die Deutschen hingegen halten nur die »Tradition« für korrekt – obwohl auch sie »Tradizion« sagen.

Bei der deutschen Sprache war es somit von Anfang an viel schwerer, sich auf die richtige Schreibweise zu einigen. Denn eine national anerkannte Akademie wie in Frankreich, Spanien oder Italien hat es nie gegeben. Kein Wunder, denn Deutsch wird schon seit seiner Entstehung in verschiedenen Staaten gesprochen und geschrieben: in der Schweiz und in Österreich ebenso wie in Luxemburg und in Teilen Belgiens. Und zu der Zeit, als sich Spanier oder Franzosen auf eine Rechtschreibung für ihr ganzes Land verständigten, war Deutschland in viele Königreiche und Fürstentümer zersplittert.

Daran hat sich – sprachpolitisch gesehen – nicht viel geändert. Auch heute sitzen ausgesprochen viele Leute mit am Tisch, wenn es um die deutsche Rechtschreibung geht. Die Schweiz und Österreich treffen ihre Entscheidungen jeweils für sich, dazu kommen Empfehlungen aus Luxemburg und Belgien. Das größte Gewicht haben aber freilich die Entscheidungen von 16 Kultusministern der Bundesländer in Deutschland. Denn Rechtschreibung wird in der Schule gelehrt und für die

Schulen sind eben die 16 Bundesländer zuständig. Früher hat auch die DDR noch mitgeredet, deren Stimme ist aber durch die Kultusminister der fünf neuen Bundesländer ersetzt worden.

Zweites Hindernis für eine Rechtschreibreform: Der richtige Zeitpunkt ist längst verpasst

Die Wissenschaftler der Sprachakademien in Spanien, Frankreich oder Italien hatten gegenüber deutschen Sprachgelehrten einen weiteren Vorteil. Als sie Regeln für ihre Sprachen festlegten, wurde noch nicht besonders viel geschrieben und vor allem nicht viel gedruckt. Anfang des 18. Jahrhunderts konnte die Mehrzahl der Spanier mit geschriebenen Worten nicht viel anfangen. Da war nicht zu erwarten, dass es eine Volksbewegung gegen neu eingeführte Rechtschreibregeln geben würde, wie sie Deutschland Ende der Achtziger-Jahre des 20. Jahrhunderts erlebt hat.

Im deutschen Sprachraum hingegen haben sich über die Zeit hinweg verschiedenste Schreibweisen entwickelt, die sich dann später nicht mehr abschaffen ließen. Die Großschreibung von Hauptwörtern beispielsweise war zunächst nichts anderes als eine Mode. Johann Wolfgang von Goethe etwa hat sich keineswegs an strenge Regeln gehalten, wenn es darum ging, etwas groß- oder kleinzuschreiben. Er hat die Wörter groß geschrieben, die er für wichtig hielt. Und was wichtig ist, ließ sich der geniale Goethe selbstverständlich von niemandem vorschreiben.

Dass jeder macht, was er will, konnte nicht länger gut gehen, als immer mehr Bücher gedruckt wurden. Im 19. Jahrhundert wollten deshalb viele kluge Leute in Deutschland die Großschreibung ganz abschaffen – um das Schreiben und Lesen einfacher zu machen. Der Sprach-liebhaber Jacob Grimm hat alle seine Texte in Kleinschreibung verfasst. Sogar Konrad Duden, dessen Verlag später zum allmächtigen Wächter über die deutsche Rechtschreibung wurde, sah in den Groß- und Klein-schreibregeln eine »nutzlose Gedächtnisbelastung«, die »dem Kinde Lust und Freude am Lernen raubt«.

Doch als ab dem späten 19. Jahrhundert die Regeln für die deutsche Orthografie festgelegt wurden, gab es bereits so viele Texte, in denen Hauptwörter großgeschrieben waren, dass sich eine Kleinschreibung nicht mehr durchsetzen ließ. Die 1876 einberufene »Conferenz zur Herstellung größerer Einigung in der deutschen Rechtschreibung« ließ in Sachen Groß- und Kleinbuchstaben alles beim Alten, ebenso wie die Zweite Orthographische Konferenz von 1901. Seitdem gab es immer wieder Forderungen, nach dem Vorbild anderer Sprachen (wie Eng-lisch, Französisch, Spanisch, Italienisch) die Kleinschreibung einzufüh-ren – aber ohne jede Aussicht auf Erfolg.

Auch andere Eigenheiten der deutschen Schreibung ließen sich nicht mehr rückgängig machen. So ist im Deutschen eine große Vielfalt ge-wachsen, um lange Vokale (Selbstlaute) schriftlich wiederzugeben: Der Laut »a« in den Wörtern »Naht«, »Tat« und »Saat« klingt gleich. Geschrie-ben wird er auf drei verschiedene Weisen.

Immer wieder gab es Pläne, solche unlogisch gewachsenen Buchsta-benfolgen abzuschaffen. Die ersten Entwürfe der Rechtschreibreform, die am 1. 8. 2005 in Kraft getreten ist, sahen noch vor, dass nicht mehr »Boot« geschrieben werden sollte. Schließlich heißt es auch nicht »Toot« oder »Noot«, so das Argument. Doch der Vorschlag, »Bot«, »Sal« oder »Sat« zu schreiben, löste 1988 einen so lauten Aufschrei der Em-pörung aus, dass die entsprechenden Pläne ruck, zuck wieder gekippt wurden.

Drittes Hindernis für eine Rechtschreibreform: Die deutsche Sprache ist nicht logisch – und ihre Schreibung kann es wohl auch nicht sein

Im Vergleich zu ihren Kollegen im Ausland haben es deutsche Sprachgelehrte noch aus einem weiteren Grund schwer, die Rechtschreibung zu reformieren. Etliche der Schreibprobleme, um die heftiger Streit tobt, entstehen aus der Eigenheit des Deutschen, dass viele Wörter »zusammengeklebt« werden können.

Daraus entstehen Streitpunkte wie dieser: Üblicherweise werden bei zusammengesetzten Hauptwörtern einfach zwei Wörter aneinandergehängt: Haus + Meister = Hausmeister. Dadurch kann es aber passieren, dass der gleiche Buchstabe dreimal hintereinander vorkommt: Schiff + Fahrt = Schifffahrt. Vor gut hundert Jahren wurde dieses Buchstabenknäuel jedoch als *hässlich* empfunden (und viele finden das heute noch). Also erfanden die Wörterbuchautoren die Regel, dass dreimal der gleiche Buchstabe nicht sein darf. Und so hieß es zunächst eben »Schiffahrt«.

Bei manchen Wörtern wiederum wurde aber auch das als *hässlich* empfunden. Deshalb gab es die Ausnahme von der Regel: Dreimal der gleiche Konsonant wurde doch erlaubt, wenn danach wieder ein Konsonant folgt. Daher galt als Norm: »Sauerstoffflasche« (und nicht »Sauerstofflasche«). Engländer oder Spanier haben solche Probleme nicht: Sie lassen einfach die Worte getrennt stehen und sagen *oxygen cylinder* oder *botella de oxígeno*.

Auch die Schwierigkeiten, die durch das Getrennt- und Zusammenschreiben von Verben entstehen, sind typisch für die deutsche Sprache. So war es bei der Rechtschreibreform ein Streitpunkt, ob man »radfahren« weiterhin in einem Wort schreiben soll. Nach den alten Regeln war das vorgeschrieben. Denn die Vorstellung des Fahrrads sei beim Verb »radfahren« *verblasst*, so heißt es in den alten Duden-Ausgaben. Beim »Auto fahren« hingegen sei diese Vorstellung noch nicht *verblasst*. Mit der neuen Rechtschreibung wurde beides gleichgesetzt: Auto fahren, Rad fahren, Moped fahren und so weiter. Aber es gibt Menschen, die sich das »radfahren« zurückwünschen und dafür streiten. In England oder Spanien wäre das kein Thema. Dort wird die Fortbewegungsart in viele, viele Wörter zerlegt: *to ride a bike, ir en bicicleta*.

Viertes Hindernis für eine Rechtschreibreform: Es tobt ein Glaubenskrieg

Das größte Problem bei der Einführung einer Rechtschreibreform ist ein psychologisches: Diejenigen, die die alte Rechtschreibung oftmals unter Qualen erlernt haben, wollen nicht umlernen müssen. Der frühere Leiter der Hamburger Journalistenschule, Wolf Schneider, begründete seine Forderung nach einer Rückkehr zur alten Rechtschreibung ganz trocken: »Angenehm wäre die Umstellung für die Schüler vielleicht nicht. Auch nicht für die Lehrer. Aber man muss vor allem an die 70 Millionen Erwachsenen denken.«

Schneider argumentiert dabei noch relativ kühl. Wesentlich erhitzter reagierte beispielsweise der CDU-Bundestagsabgeordnete Günter Nooke, als er wetterte, die Rechtschreibreformer hätten sich »am Heiligsten einer Kulturnation vergriffen: der Sprache«. Und in den Briefen, die erboste Bürger an die Väter der Rechtschreibreform schickten, waren noch ganz andere Worte zu lesen: »Idioten«, »Verbrecher« oder »Kommunistensäue«.

Die Befürworter der Reform schossen zurück und warfen ihren Kritikern »Unrichtigkeiten und Verdrehungen« vor. Schriftsteller, die gegen die Reform seien, litten vermutlich an »allerlei Missbefindlichkeiten, die mit Rechtschreibung wenig zu tun haben«, heißt es in einer Erklärung des Instituts für deutsche Sprache.

Im Laufe der Diskussion verwirrten sich unglücklicherweise die Argumente beider Seiten ziemlich. Womit die kühle Logik endgültig aus der Debatte verschwand. Die Befürworter der Reform machten Zugeständnisse – damit wurde die Reform immer inkonsequenter. Daraus entwickelten wiederum die Gegner der Reform hämische Vorwürfe. So ist es in den Augen der Reformgegner inkonsequent und unlogisch, dass »Fotograf« geschrieben werden darf, aber nicht »Filosofie«. Allerdings unterschlagen die Reformgegner dabei, dass zumindest die radikalen Reformbefürworter gerne die »Filosofie« durchgesetzt hätten. Nur ist es ihnen nicht gelungen. Ebenso wie sie den »Tron« oder den »Sal« nicht durchsetzen konnten.

Auch viele Reformgegner sind in dem, was sie sagen und tun, inkonsequent. Im August 2004 erklärten die Zeitschrift DER SPIEGEL, die SÜDDEUTSCHE ZEITUNG und der Axel-Springer-Verlag (BILD, DIE WELT, HÖRZU), sie wollten zur alten Rechtschreibung zurückkehren. Den gleichen Schritt war die FRANKFURTER ALLGEMEINE ZEITUNG schon vier Jahre zuvor gegangen.

Der großen Ankündigung folgten nicht ganz so große Taten. Beim SPIEGEL blieb die Rückkehr zur alten Rechtschreibung aus, ebenso wie bei der SÜDDEUTSCHEN ZEITUNG. Im Großen und Ganzen beließ man es dort (trotz der Rückkehr-Ankündigung) bei der neuen Schreibung, auch wenn die Journalisten nunmehr bei einzelnen Wörtern wie »Stengel/Stängel« oder »leid tun/Leid tun« nicht recht wissen, ob sie sich für die alte oder die neue Schreibweise entscheiden sollen. Selbst in der

FRANKFURTER ALLGEMEINEN ZEITUNG, die die alte Rechtschreibung zeitweise zur einzig akzeptablen Norm erklärt hat, rutscht schon mal eine neue Schreibung durch: »Gräuel« etwa statt »Greuel«.

Besonders widersprüchlich ist die Rechtschreibpolitik des Springer-Verlags: Seine gedruckten Zeitungen und Zeitschriften hat er zunächst durchgängig auf die alte Rechtschreibung umgestellt. Die BILD-Zeitung verlieh sogar Orden an »Retter der deutschen Sprache«. Die Ordensverleihung wurde in der Internet-Ausgabe überraschenderweise aber in *neuer* Rechtschreibung bekannt gegeben: »Er beschloss, die vermurkste Schreibweise abzuschaffen« (statt beschloß …). Und bei den »7 Wahrheiten über die Schlechtschreibreform«, die die BILD-Zeitung in ihrer Internet-Ausgabe veröffentlichte, verwendet der Axel-Springer-Verlag selbst die »Schlechtschreibung«: »Am schlimmsten wäre ein Kompromiss!« (statt Kompromiß). Im August 2006 haben sich solche Widersprüchlichkeiten allerdings erst einmal erledigt, weil nach einer Reform der Reform auch der Springer-Verlag auf die neue Rechtschreibung eingeschwenkt ist, ebenso wie die FRANKFURTER ALLGEMEINE ZEITUNG.

Die Zukunft der deutschen Rechtschreibung: eine bunte Vielfalt

Die Chance, dass die deutsche Sprache irgendwann in etwa so geschrieben wird, dass es halbwegs dem gesprochenen Wort entspricht, ist also längst verpasst. Was bleibt, ist ein Zustand ähnlich wie im 19. Jahrhundert. Es herrscht eine bunte Vielfalt der Schreibweisen. Viele Buchverlage machen es vor: Vor allem im Kinder- und Jugendbereich werden die allermeisten Bücher in neuer Rechtschreibung veröffentlicht. Die literarischen Werke älterer Schriftsteller hingegen sind in alter Rechtschreibung gesetzt. Und dann gibt es noch Bücher, vor allem jüngerer Autoren, in denen eine Mischung zu finden ist.

Was ganz richtig ist und was ganz falsch, scheint sich also zu verwischen. Zumal immer mehr im Internet geschrieben wird. In Chatrooms, Foren und E-Mails ist den meisten Schreibern ziemlich egal, welche Rechtschreibregeln gerade gelten. Und wer am Computer tippt, dem sagt sowieso meist ein Rechtschreibprogramm, ob »Kuss« oder »Kuß« die richtige Schreibweise ist.

Mit einem können sich deutsche Schreiberinnen und Schreiber dabei trösten: In anderen Ländern ist die Lage nicht viel besser. Italiener oder Spanier haben zwar eine beneidenswert einfache Rechtschreibung. Die historisch gewachsene Unlogik des Englischen hingegen kann es mit dem Deutschen durchaus aufnehmen. Und weil sich für eine englische Rechtschreibreform nicht nur Großbritannien, Irland, Australien, Kanada und die USA zusammentun müssten, sondern auch noch sämtliche ehemaligen Kolonien von Kenia bis Indien, ist auch hier die letzte Chance für eine Vereinfachung längst verpasst. Also lässt man es gleich sein.

Dasselbe gilt für den französischen Sprachraum: Frankreich, Belgien, das französischsprachige Kanada und alle ehemaligen Kolonien für eine Vereinfachung der Rechtschreibung auf einen Nenner zu bringen, wird nie gelingen – deshalb versucht man es auch hier erst gar nicht. Stattdessen pauken französischsprachige Schülerinnen und Schüler weltweit, dass man *Seine* (Fluss in Paris), *cène* (Abendmahl) und *scène* zwar auf eine Weise ausspricht – »senn« –, aber auf drei Weisen schreibt. Und in britischen und amerikanischen Schulen verbringen die Lehrer viel Zeit damit, ihren Klassen beizubringen, dass man zwar *toe* (Zehe) mit einem »e« am Ende schreibt, *potato* (Kartoffel) aber ohne »e«. Der Erfolg ist nicht immer hundertprozentig. Die englisch-amerikanische Rechtschreibung ist so anspruchsvoll, dass selbst ein ehemaliger US-Vizeprä-

135

sident öffentlichkeitswirksam daran scheiterte. Bei einem Besuch einer Schule korrigierte der Politiker Dan Quayle einen Schüler, der das Wort *potato* an die Tafel geschrieben hatte, und behauptete steif und fest, es heiße *potatoe.*

Interessante Internet-Adressen:

Verzeichnis der wichtigsten Neuerungen durch die Rechtschreibreform:
http://www.wissenmediaverlag.de/196.0.html

Institut für deutsche Sprache, Mannheim:
http://www.ids-mannheim.de

Homepage »Bund für vereinfachte rechtschreibung«:
http://www.sprache.org

Zwei Jahrhunderte voller Streit – Zeitablauf der Rechtschreibreform

Anfang des 19. Jahrhunderts: Zunehmende Klagen darüber, dass oftmals nicht einmal innerhalb einer Schule einheitliche Rechtschreibregeln gelten.

1876: Erste Orthographische Konferenz (unter anderem Abschaffung des »th« an vielen Stellen: »Thal, Thor« etc.)

1901: Zweite Orthographische Konferenz: Grundlage für Rechtschreibung, die zunächst gut hundert Jahre nicht geändert wurde.

1954: Orthographiekonferenz in Stuttgart: Fachleute fordern »gemäßigte Kleinschreibung« – wird von Österreich und der Schweiz abgelehnt.

1954: Deutsche Kultusministerkonferenz erklärt die Regeln, die der private Duden-Verlag veröffentlicht, für verbindlich.

1965: »Kommission für Rechtschreibfragen« wird gegründet.

1988: Erste Vorschläge zur Rechtschreibreform sorgen für massiven Widerspruch, werden zum großen Teil zurückgezogen.

1.12.1995: Deutsche Kultusministerkonferenz stimmt Vorschlägen zu.

August 1996: Zehn Bundesländer führen neue Rechtschreibung an Grundschulen ein.

6.10.1996: Schriftsteller und Sprachforscher veröffentlichen auf der Frankfurter Buchmesse Protesterklärung gegen die Reform.

14.7.1998: Bundesverfassungsgericht erklärt nach zahlreichen Gerichtsprozessen die Einführung der Rechtschreibreform für rechtmäßig.

1.8.2000: Frankfurter Allgemeine Zeitung kehrt zur alten Schreibung zurück.

6.8.2004: Spiegel, Süddeutsche Zeitung und Axel-Springer-Verlag kündigen Rückkehr zur alten Rechtschreibung an. Nur der Springer-Verlag vollzieht den Schritt tatsächlich, schließt sich aber zum 1.1.2007 wieder der neuen Schreibung an.

14.10.2004: »Rat für Rechtschreibung« wird eingerichtet, um Reform zu überprüfen. Er machte viele Änderungen rückgängig.

1.8.2005: Neue Rechtschreibung wird in 14 von 16 Bundesländern amtlich. Bayern und Nordrhein-Westfalen warten zunächst ab.

1.8.2006: Auch Bayern und Nordrhein-Westfalen ziehen nach.

11. Wenn Digger endkrass dissen
Oder: Sprechen Jugendliche eine eigene Sprache?

Der Test ist ganz einfach. Man lege einem Erwachsenen folgenden Satz vor, den die Zeitschrift Focus konstruiert hat: »Mach Hartgas klar und lass uns in Mopsis Knutschkugel mit den Ischen aus dem Psychohaus vierlagig rumlöffeln.«

Das Ergebnis des Tests müsste sein: Der Erwachsene versteht nichts. Überhaupt nichts. Denn die Botschaft »Besorge hochprozentigen Alkohol und lass uns in Mutters Auto mit den Mädchen aus der Schule Zungenküsse austauschen« ist in einer besonderen Sprache verschlüsselt: der Jugendsprache des frühen 3. Jahrtausends.

Es gibt nur ein Problem bei diesem Test: Es leben im deutschen Sprachraum wohl viele Jugendliche, die einzelne Wörter aus diesem Satz kennen und auch benutzen. Aber wahrscheinlich gibt es keinen einzigen, der genau einen solchen Satz sagen würde.

Sprechen Jugendliche wirklich anders?

Sechzehnjährige sprechen anders als Sechzigjährige – man muss kein Sprachforscher sein, um das bestätigen zu können. Doch ob es wirklich eine eigene »Jugendsprache« gibt, darüber können sich Sprachwissenschaftler die Köpfe heißreden. Am Ende solcher Debatten steht dann meist das Ergebnis: »Ja, es gibt eine Jugendsprache, aber irgendwie auch wieder nicht.« Die Sprachforschung tut sich enorm schwer zu beschreiben, was man hört, wenn Jugendliche den Mund aufmachen.

Immerhin: Alle Experten können sich darauf einigen, dass es Besonderheiten gibt, die man eher von Jugendlichen als von Rentnern hört:

– Jugendliche haben eigene Wörter beim Grüßen, sie sagen eher »Hey, Digger« oder »Was geht, Alter?« als »Guten Tag, mein lieber Freund«. (Sprachforscher reden von *sondersprachlichen Grußformeln*.)

– Jugendliche kleben Silben an Wörter, wie es Erwachsene nicht tun würden: »Ich war endsauer.« (Sprachforscher reden von *expressiver Steigerung durch Präfigierung*.)

– Jugendliche verwenden noch mehr Begriffe aus dem Englischen, als es Erwachsene ohnehin schon tun: cruisen, chillen, scratchen usw. (Sprachforscher reden von *Entlehnung*.) Dabei durchlaufen die Wörter mitunter eine beachtliche Veränderung. Aus dem Englischen *to disrespect* (missachten) beispielsweise machten Hip-Hop-Musiker *to diss* (beschimpfen) – was schon viele erwachsene Amerikaner oder Briten nicht kennen. Deutsche Jugendliche wiederum entwickelten daraus »dissen«. Das Geheimwort ist perfekt. Kein Erwachsener versteht es.

– Jugendliche verwenden Wörter, die viele Erwachsene als anstößig empfinden: Rudelpisser, Fressbrett, Analhusten. (Sprachforscher reden von *diastratisch niedrig markierten Lexemen*.)

– Jugendliche malen mit ihrer Sprache gerne Bilder: Münzmallorca (Solarium), Taschentiger (Katze), behaarte Bifi (kleiner Hund). (Sprachforscher reden von *metaphorischer Sprechweise*.)

– Jugendliche lassen Wörter aus: »Ich geh nachher Karstadt, kommst du?« – »Auf jeden!« (Sprachforscher reden von *elliptischer Sprechweise.*)

– Jugendliche verwenden gebräuchliche Wörter mit neuem Sinn: Biotonne für Vegetarier, aber auch für den früheren Bundesaußenminister Joschka Fischer von den Grünen. (Sprachforscher reden von *Verfremdung*, die zur *Polysemie* führt.)

– Jugendliche verwenden die Regeln der Grammatik völlig neu: Sie nehmen beispielsweise die Vorsilbe »un-«, steigern sie (was eigentlich in der deutschen Grammatik nicht erlaubt ist) und erschaffen somit ein neues Wort: unst oder unsten. (Sprachforscher reden von *paradoxer Superlativbildung zu einem Präfix.*)

– Jugendliche verwenden gerne Füllwörter: irgendwie, und so, na ja. (Sprachforscher reden von *Abtönungspartikeln.*)

– Jugendliche schneiden Wörter hinten oder auch vorne ab: Alk (statt Alkohol), türlich (statt natürlich). (Sprachforscher sprechen von *Kopfwörtern* und *Schwanzwörtern.*)

Alles in allem sprechen Jugendliche also anders. Und man kann dieses andere Sprechen sogar mit hochwissenschaftlichen Fachbegriffen beschreiben. Aber eine eigene Sprache, die wirklich durchgängig unverständlich für Erwachsene wäre, sprechen junge Leute wohl doch nicht. Das, was typisch ist für die Sprache der Jugendlichen, macht nur einen kleinen Teil von dem aus, was sie erzählen, beklagen, belachen. Sprachstatistiker haben errechnet, dass sich Jugendsprache zu weniger als einem Prozent von der durchschnittlichen Erwachsenensprache unterscheidet.

Nichts verändert sich so schnell wie Jugendsprache

Übereinstimmung in der Wissenschaftsgemeinde gibt es vor allem über eines: Die Art und Weise, wie junge Leute sprechen, ändert sich wesentlich rasanter als der Rest der Sprache. Allerdings ist dieser rasante Wandel eine recht neue Erscheinung – Jugendsprache gibt es wohl erst seit etwa 150 Jahren.

Im Mittelalter hatten Jugendliche keine eigene Welt, wie sie sie heute umgibt. In früheren Jahrhunderten gab es keine eigene Musik der Jugendlichen. Es gab keine Orte, an die nur junge Leute gingen, um etwas zu trinken. Es gab keine Kleidung, die vor allem Jugendliche trugen. Und es gab keinen Schmuck, den sich nur junge Leute durch die Nasenflügel gepikst hätten.

Erst ab dem 19. Jahrhundert ist eindeutig belegbar, dass junge Männer und Frauen anders gesprochen haben als ältere. Vor allem die Wörter, die sich Gymnasiasten und Studenten ausdachten, sind geblieben. Schon die Ururgroßeltern der heutigen Schüler erfanden eigene Wörter wie »Penne« (Schule), »Pauker« (Lehrer), »ochsen« (lernen).

Die Art und Weise, wie junge Leute im 19. und frühen 20. Jahrhundert ihre eigene Sprache entwickelten, war nicht viel anders als heute: Auch sie übernahmen gerne Wörter aus anderen Sprachen. Allerdings bedienten sie sich nicht so sehr beim Englischen. Vielmehr wurde etwa aus dem französischen *pousser* das Wort »poussieren«. Heute würde man eher »flirten« sagen oder vielleicht »blümeln«. Die lateinische Wendung *sub omne canone* (»unter aller Richtschnur« – das heißt, so schlecht, dass man es gar nicht mehr bewerten kann) wandelten junge Leute früherer

Zeiten um in: »unter aller Kanone«. Ein Begriff, den heute eher ältere Leute verwenden.

Die Sprache der Jugend verändert sich also ständig – und das mit atemberaubendem Tempo. Die Veränderung sucht sich drei Richtungen: Die einen jugendsprachlichen Begriffe verschwinden einfach wieder. Andere werden ein Teil der Alltagssprache der gesamten Bevölkerung. Und einige jugendsprachliche Begriffe schließlich bleiben Jugendsprache, verändern aber ihre Bedeutung – was manchmal zu Missverständnissen zwischen Eltern und ihren Kindern führen kann.

Wörter, die verloren gehen

Ein 17-Jähriger, der heute ein »Lexikon der Jugendsprache« aus den 80er-Jahren des vergangenen Jahrhunderts durchblättert, wird an vielen Stellen nur kichern. Dass man seine Eltern als »Gruftis« bezeichnen soll oder dass etwas besonders Hervorragendes »oberaffengeil« sein könnte, würde kaum einem jungen Menschen des frühen 3. Jahrtausends in den Sinn kommen. Auch nicht, dass man ein hübsches Mädchen als »Torte« bezeichnen könnte.

Andere Begriffe der 80er-Jahre sind heute nicht mehr verständlich, weil sich die ganze Gesellschaft verändert hat. Die Zeiten, als Hausbesetzer oder radikale Kernkraftgegner regelmäßig »Mollies« auf Polizeiautos warfen, sind vorbei. Somit ist auch in Vergessenheit geraten, dass junge Radikale einst den »Molotowcocktail« (eine mit Benzin gefüllte Flasche, in deren Hals ein brennender Lumpen steckt) zum »Mollie« verkürzt haben.

Es kann gut sein, dass in wiederum zwanzig Jahren kein junger Mensch etwas mit Begriffen wie »keimig«, »phat« oder »Ellies« anfangen kann.

Oder auch nicht mit Wörtern aus Konflikten zwischen Gruppen, die politisch unterschiedlich ausgerichtet sind: »Glatze« oder »Zecke«.

Wörter, die Allgemeingut werden

Es gibt aber auch die entgegengesetzte Entwicklung: Viele Begriffe, die vor gar nicht langer Zeit noch als Teil der Jugendsprache galten, sind inzwischen fest im Alltag verankert. Das liegt zum einen daran, dass manche, die heute Mitte vierzig sind, einige Wörter aus ihrer Schulzeit in ihrem Wortschatz bewahrt haben. Da sagt dann der 45-jährige Medizinprofessor zu seinen Freunden: »Das war echt erste Sahne, wie wir bei der Doktorandenfete abgestürzt sind.« Seine 16-jährige Tochter, die dabeisitzt, schüttelt peinlich berührt den Kopf.

Andere Begriffe sind nicht mehr Teil der *Jugend*sprache, sondern im Alter noch tiefer gerutscht: Sie sind *Kleinkind*sprache. Man kann inzwischen Zweijährige hören, die ihre neue Puppe »cool« finden. Fünfjährige Kindergartenkinder erklären ihren Eltern, die neue Wasserpistole sei »geilo«. In einem Bilder-Lesebuch für Grundschulkinder beklagt sich ein kleines Bärchen: »Total tote Hose.« Das Bärchen hat sicher keine Ahnung davon, dass in den 80er-Jahren männliche Drogensüchtige diesen Begriff verwendet haben. Und zwar dann, wenn das Heroin dafür sorgte, dass sie impotent wurden – dass also zwischen ihren Beinen nichts mehr passierte, die Hose tot war.

Dass das Wörtchen »geil« einmal in seiner Hauptbedeutung für »sexuell erregt« stand, ist heute überhaupt weitgehend in Vergessenheit geraten. Nicht mehr nur Geiz ist inzwischen geil. Neuerdings schreibt sogar ein Baustofflieferant aus Bayern auf seine Maschinen: »Gips ist geil.«

Es gibt noch eine lange Reihe von weiteren Begriffen, die vor 25 Jahren in Lexika der Jugendsprache aufgeführt wurden und heute jeden Tag in der Zeitung zu finden sind: »aufmotzen, ausflippen, beknackt, keinen Bock haben, etwas durchziehen, Frust, Promi, Punk, die Sau rauslassen, echt stark« – man möchte kaum glauben, dass solche Wörter vor gar nicht langer Zeit als Teil einer *Sondersprache* junger Leute galten.

Dementsprechend müssen sich Jugendliche immer wieder neue Wörter suchen, wenn sie sich durch ihre Sprache von den Erwachsenen abheben wollen. Um klarzumachen, dass etwas ganz hervorragend ist, verwendeten junge Leute im 19. Jahrhundert das Wort »dufte«, vor allem im Berliner Raum war dieser Begriff beliebt. Die jungen Berliner hatten sich das Wort allerdings nicht selbst ausgedacht, sondern es aus dem Jiddischen und der Gaunersprache Jenisch entliehen (siehe Kapitel 12), der Ursprungsbegriff hieß »toff« oder auch »tofte«. Als »dufte« allzu abgegriffen klang, folgte »spitze«. Als »spitze« in den Wortschatz sogar von eher betulichen Talkshowmastern übergegangen war, verwendeten Jugendliche Wörter wie »super« und »klasse«, um etwas als ganz hervorragend zu kennzeichnen. Später folgten Worte wie »geil«, »krass«, »korrekt«, »phat« – die Entwicklung steht nie still.

Wörter, die für Missverständnisse sorgen

Jugendsprache kann aber noch mehr. Sie kann sich verändern und dennoch gleich bleiben. Wie das geht? Zum Beispiel so: In den 80er-Jahren bedeutete »drücken« unter Jugendlichen so viel wie »Heroin spritzen«. Später bedeutete »abdrücken« so viel wie »etwas unfreiwillig hergeben«. Im dritten Jahrtausend schließlich gibt es Jugendliche, die unter »abdrücken« so viel verstehen wie »Zungenküsse austauschen«.

Man könnte sich einen 40-jährigen Vater vorstellen, der völlig entsetzt ist und bleich im Gesicht wird, als er seinen 16-jährigen Sohn belauscht. Denn der erzählt gerade, wie er eine Freundin dazu gebracht hat, abzudrücken. Oje, denkt der Vater. Er weiß, dass im Nebenzimmer in Jugendsprache geredet wird – also hat der Sohn das Wort »abdrücken« sicher nicht im klassischen Sinn verwendet. Der Junge meint bestimmt *nicht*, dass das Mädchen auf dem Rummelplatz ein Luftgewehr beim Rosenschießen *abgedrückt* hat. Stellt sich die Frage: Ist sein Sohn drogensüchtig und hat er das Mädchen auch süchtig gemacht, also sie zum *Drücken* gebracht? Oder hat sein Sohn das Mädchen erpresst, weil er wollte, dass sie beispielsweise eine schicke Jacke *abdrückt*? Dass der Sohn mit dem Mädchen ganz harmlos geknutscht hat, kommt dem Vater nicht in den Sinn.

Zwischen »Was guckst Du?« und Erkan und Stefan: Jugend-Ausländerdeutsch

Neben der Jugendsprache, mit der sich die einschlägigen Lexika und Bücher von Professoren der Sprachwissenschaft beschäftigen, gibt es eine weitere Spielart des jugendlichen Sprechens – und sie wird in den letzten Jahren immer wichtiger: die Sprache der Jungen und Mädchen in Deutschland, deren Eltern einen türkischen, bosnischen oder russischen Pass haben oder die selbst von den deutschen Gesetzen als Ausländer behandelt werden (obwohl sie in Deutschland geboren wurden).

Die »Kanak Sprak«, wie sie der gebürtige Kurde Feridun Zaimoglu getauft hat, ist extremer als die rein deutsche Jugendsprache. Die jungen Alis und Ayshas kennen noch mehr Spezialbegriffe. Sie bilden noch unvollständigere Sätze. Sie mischen Deutsch mit Türkisch. Sie rollen das

»r« im Wörtchen »krrrrass« noch stärker. Sie machen gerne aus einem »ch« ein »sch«. Und vor allem bildet die »Kanak Sprak« ihr eigenes Universum. Aber sie hat offenbar auch einen besonderen Unterhaltungswert. Die kommerziell aufgepeppte Kanak Sprak, mit der Erkan und Stefan oder auch der »Was-guckst-Du«-Moderator Kaya Yanar ihre Comedys bestücken, hat ihre Schöpfer reich gemacht. Das hätten sich die ersten Jugendlichen, die im 19. Jahrhundert anfingen eine Jugend-Sondersprache zu basteln, wohl nicht träumen lassen, dass man damit mal richtig Geld (also Cash, Kohle, Asche, Kies, Money, Flocken, Heu, Steine usw., usf.) verdienen könnte.

Ausschnitt aus einem Protokoll von Rahman, 24 – aufgeschrieben von Feridun Zaimoglu in seinem Buch »Kanak Sprak«:

»Glaub ja nischt, dass sowas 'n wert hat, aber von mir aus kannst ja hörn, was abgeht hier bei mir. Seit'n paar jahren kreuz ich hier im laden auf, das geht klar, stimmt auch die mucke, und die kumpel reißen den abend ab, wo sie nischt haben, was sie abhält, arbeit und so, mein ich. Is klar, ne piekfeine schicht mit von morgens bis abends mein ich, und die schule is scheiße, mit deren ihr abgang reißt sich kein bonze nischt um sie, die holen's klima, was im schuppen herrscht, wenn man 'n stück kraft schnappen will und zu haus ist's rau, dann taucht man halt ab, wo andre hänger eben was mischen und ne gang sind. (…) Ich sag dir: ich komm her alle abende des herrn, schütt mir das tote gelbe wasser rein, pur, so hundertpro, dass mir bei gott der hals anschwillt, und wenn ich denn ganz knorrig werd vom vielen gesöff, träum ich ne urlange zeitlang vom starken abgang und so, mann, ich würd wohl gern mitten drin abkacken, dies

üble siechen, wo dich wie'n krüppel stehen lässt und sich an'n knochen reibt,

da loost du aber fett ab, mein lieber, das dreht dir die puste ab wie'n wasser-

kran oder so.«

Kleiner Selbsttest zur Jugendsprache im Wandel der Zeit

Bitte Kreuzchen machen

Dieses Wort...	habe ich noch nie gehört	kenne ich, verwende ich aber nicht	verwende ich selbst
auf etwas abfahren			
abgefuckt			
abhotten			
abkacken			
abschminken			
affengeil			
voll Aldi			
alken			
anmachen			
Arschgeweih			
asslig			
antörnen/abtörnen			
aufreißen			
ausflippen			

Dieses Wort…	habe ich noch nie gehört	kenne ich, verwende ich aber nicht	verwende ich selbst
bedröhnt			
beölen, sich			
blümeln			
Bock (haben)			
breit			
Breitbandnudel			
checken			
chillen			
cremig			
Dinos			
dissen			
Diplom-Alker			
Dröhnung			
elefantös			
Ellies			
Fete			
fett (phat)			
fetzen (das fetzt)			
Fleischmütze			
Fluppe			
Freak			
Fresshöhle			
Gaystation			
grell			
Grinsblech			
Grufti			

Dieses Wort…	habe ich noch nie gehört	kenne ich, verwende ich aber nicht	verwende ich selbst
harzen			
hotten			
Intelligenzallergiker			
Katonga			
keilen			
Knödelfriedhof			
keimig			
Komposti			
Lacko			
Ist mir doch latte			
Lernfossil			
Lulle			
Lungenbrötchen			
Mollie			
naffeln			
Nebenchecker			
null Bock			
oberaffengeil			
ölen			
voll optisch			
auf die Piste gehen			
Plattenpräsident			
poppen			
rumlöffeln			
rumsülzen			
saugen			

Dieses Wort…	habe ich noch nie gehört	kenne ich, verwende ich aber nicht	verwende ich selbst
Schlürfbude			
stoned			
strack			
sullen			
tierisch			
tillt (du tiltst wohl)			
Torte			
Tussi			
Trulla			
ungeil			
unsten			
vierlagig			
wacken			
Würfelhusten			
Zappelbunker			

Eine »Auflösung« dieser Jugendsprachliste befindet sich auf Seite 212 am Ende des Buches.

12. Jmlwmz Yead dqxwaipf qiprmf
Oder: Wie funktionieren Geheimsprachen?

Wer vor gut hundert Jahren durch den Kreis Tecklenburg in Westfalen reiste und manchen Kaufleuten bei ihren Gesprächen lauschte, der konnte das Gefühl bekommen, er befinde sich in einem fremden Land. In einem sehr fremden Land. Denn viele Wörter, die dort zu hören waren, gab es in keiner anderen Sprache Europas, sogar in keiner anderen Sprache der Welt.

Da hätte man vielleicht folgende Erzählung hören können: »Neulich ging ein Märtenquässer zum Tispelhutsche, um etwas zu pojen. Bald war er so krepp, dass er vom Pradde fiel. Der Märtenquässer disste zum Mulschfailer. Er dachte, er wäre bald moll. Doch der Mulschfailer quässte nur, er solle sich in die Pjölte legen und erst einmal faiken.«

Man muss schon ein paar Wörter der Geheimsprache »Humpisch« beherrschen, um die Erzählung ganz zu verstehen: »Neulich ging ein Lehrer zum Wirt, um etwas zu trinken. Bald war er so besoffen, dass er vom Stuhl fiel. Der Lehrer lief zum Arzt. Er dachte, er wäre bald tot. Doch der Arzt sagte nur, er solle sich ins Bett legen und erst einmal schlafen.«

Humpisch ist eine typische Geheimsprache. Nicht einmal, woher sie kommt, weiß man genau. Offenbar haben schon vor einigen Jahrhunderten Kaufleute aus Westfalen angefangen, gemeinsam neue Wörter zu erfinden. Zum Teil bedienten sie sich beim Plattdeutschen, beim Niederländischen oder beim Spanischen und verdrehten einzelne Wörter, die hinterher niemand außer ihnen mehr verstand. Auf diese Weise konnten sie über Waren, Verträge und Preise reden, ohne dass anwesende Konkurrenten oder Kunden alles mitbekamen. Das verschaffte natürlich einen gewissen Vorteil, wenn es darum ging, gute Geschäfte zu machen.

Dafür dass die Idee funktionierte, gibt es einige Belege. Aus der Gegend in Westfalen, in der das Humpische erfunden wurde, stammt eine ganze Reihe von Kaufmannsdynastien, die bis heute erfolgreich sind. Von der Familie Brenninkmeyer beispielsweise, die die Bekleidungskette C&A gründete, wird berichtet, sie habe ihre Gespräche stets gerne mit Humpisch-Brocken durchsetzt. Die Geheimsprache habe den Brenninkmeyers viel dabei geholfen, ihr Unternehmensimperium aufzubauen.

Ich weiß etwas, was du nicht weißt

Auf Zahlen zwischen 50 und 100 kommen Fachleute, wenn sie die Geheimsprachen innerhalb Deutschlands aufzählen. Vor allem zwischen Mittelalter und 19. Jahrhundert gab es in manchen Gegenden ganze Stadtviertel und Dörfer, deren Bewohner sich durch ihre eigene Sprache von Außenstehenden abschotteten. Die Namen der Geheimsprachen klingen ebenso exotisch wie die Wörter dieser Sprachen: Humpisch im Münsterland, Masematte in der Stadt Münster selbst, Manisch rund um das hessische Gießen, Lachoudisch im fränkischen Schopfloch, Jenisch im ebenfalls fränkischen Schillingsfürst. Daneben gab es im ganzen deutschen Sprachraum das sogenannte Rotwelsch – eine Geheimsprache, die öfter auch als Gaunersprache bezeichnet wird, weil es vielfach Diebe, Räuber und Wegelagerer waren, die Rotwelsch benutzten. Drei Techniken haben die Schöpfer der Geheimsprachen angewendet, um ihre eigenen Verständigungsformen zu basteln:

– Sie haben sich völlig neue Wörter ausgedacht;

– sie haben Wörter anderer Sprachen übernommen und verfremdet;

– oder sie haben »normale« deutsche Wörter durch bestimmte Codes unkenntlich gemacht.

Der Wortschatz der Geheimsprachen ist zum Teil nach ähnlichen Regeln aufgebaut wie der hochdeutsche. So werden oftmals Wörter zusammengesetzt: Auf Humpisch heißt *Bente* so viel wie »Tisch«. *Failen* heißt so viel wie »bearbeiten«. Der *Bentenfailer* ist folglich der Tischler. Das Wort *mulsch* steht für »krank«, der *Mulschfailer* ist logischerweise der Arzt. Hübsch ist auch eine Wortgruppe aus dem Schillingsfürster Jenisch: *Gleis* steht für »Milch«; *Gleistrampel* heißt »Kuh«.

Kleine Wortliste aus verschiedenen »Geheimsprachen«

Hochdeutsch	Humpisch, Münsterland	Jenisch, Schillingsfürst	Masematte, Münster
arbeiten	brügeln	schinageln	malochen
Arzt	Mulschfailer	Pegerer	Schmarrer
Bett	Piölte	Sänft	Firche
Bier	Ross	Plamp	Lowine
essen	butten	buttern	spachteln
Frau	Mussken	Tschai	Ische
Haus	Kasse	Kanti	Beis
Hose	Schmerse	Buxe	Bosse
Hund	Kluns	Kelof	Keilof

Hochdeutsch	Humpisch, Münsterland	Jenisch, Schillingsfürst	Masematte, Münster
Hut	Tümes	Adich	Dohling
Kartoffeln	Hussekes	Schundbolln	Matrelen
Katze	Mauke	Schmali	Matschka
kaufen	soimen	paschen	bicken
Kind	Fanke	Schrapp	Koten
Kirche	Sankse	Duft	Murmelschuppen
Kuh	Draikop	Gleistrampel	Pore
Mädchen	Grüse	Mäschli	Maite
Mund	Gäppert	Butschnabel	Gosche
Nase	Snüwert	Muffer	Zinken
Polizist	Stübber	Schucker	Greifer
schlafen	faiken	dorme	firchen
trinken	pojen	schwächen	picheln
Uhr	Bimse	Noberi	Kabane
Wirtshaus	Tispe	Koberi	Pichelbeis

Jiddisch – die Hauptquelle vieler Geheimsprachen

Sich Wörter neu auszudenken, wie es etwa die Erfinder der Geheimsprache Humpisch taten, ist ziemlich aufwendig. Und der Ertrag des Aufwands ist stets in Gefahr. Sobald ein Außenstehender die geheime Sprache lernt, hat sie einiges an Wert verloren. Doch immer wieder neue Geheimwörter auszuknobeln, wäre definitiv ein zu großer Aufwand.

Der größte Teil der Geheimsprachen ist deshalb auf eine andere

Weise entstanden. Ihre Schöpfer haben sich bei bereits bestehenden Sprachen bedient und auf diese Weise etwas Neues geschaffen, das Außenstehende ratlos machte. Am besten lässt sich das an den verschiedenen Formen des Rotwelsch und des Jenischen sehen, die vor allem in Süddeutschland zeitweise gesprochen wurden.

Jenisch – so wurde ab dem Mittelalter die Sprache genannt, mit der sich sogenanntes »fahrendes Volk« untereinander verständigte. Gaukler, Bettler, Scherenschleifer, Vagabunden, fliegende Händler – eine bunte Mischung von Menschen reiste einstmals das ganze Jahr über quer durchs Land und suchte nach Überlebensmöglichkeiten, mal innerhalb der Grenzen des Gesetzes, mal außerhalb.

Unter diesem fahrenden Volk wuchs bald eine eigene Sprache heran. Zum einen, weil man mit dem Rest der Bevölkerung nicht so viel zu tun hatte. Da entwickelten sich ganz von selbst eigene Verständigungsformen, ebenso wie es bei anderen speziellen Gruppen geschieht: Jägern, Wissenschaftlern, Sportlern. Außerdem war es bei den Geschäften und manchmal auch Gaunereien, mit denen sich das fahrende Volk durchschlug, recht praktisch, wenn die braven Bürger nicht alles verstanden.

Die Geheimsprachen, die auf diese Weise in den Randgruppen der Gesellschaft entstanden, haben eines gemeinsam: Sie enthalten einen großen Anteil an Wörtern aus dem Jiddischen. Diese Sprache haben in früheren Jahrhunderten Juden vor allem in Deutschland und Polen benutzt. Dabei haben sie wiederum eine große Zahl von Begriffen aus dem Hebräischen übernommen.

Das heißt nicht, dass die Schöpfer des Rotwelschen oder der verschiedenen Spielarten des Jenischen selbst unbedingt Juden gewesen wären. Aber sie fanden es praktisch, sich bei einer Sprache zu bedienen, die den Christen zunächst unbekannt war. So kommt der rotwelsche oder jenische Begriff »Schmiere stehen« vom Hebräischen *Schmiera* –

Wache. Auch Mischpoche (Verwandtschaft), meschugge (verrückt), Maloche (Arbeit), Moos (Geld) sind Begriffe, die aus dem Hebräischen übers Jiddische ins Rotwelsche und zum Teil ins Jenische übernommen wurden.

Keine Geheimsprache bleibt geheim

Moos, Reibach, Knast, Pleite, Ganove – man möchte heute gar nicht glauben, dass solche Begriffe früher Teil einer Geheimsprache waren. Viele Wörter aus dem Rotwelsch und dem Jenischen sind inzwischen völlig alltägliche Umgangssprache. Doch auch die eher seltenen Wörter des Rotwelschen und Jenischen sind nicht lange wirklich geheim geblieben. Schon 1510 wurde das »Liber vagatorum« veröffentlicht, ein Wörterbuch zur Sprache der Vagabunden. Und im Jahr 1858 füllte der Jurist Christian Avé-Lallemant aus Lübeck immerhin zwei komplette Bände mit seinem Werk über »Das deutsche Gaunertum«. Ein großer Teil davon ist der Sprache der Menschen gewidmet, die Avé-Lallemant als Gauner bezeichnete.

Von der P-Sprache zum Welschen

Wer nicht von allen verstanden werden möchte, kann auch andere Wege gehen: Er kann seine alltägliche Muttersprache verändern. Der barocke Sprachgelehrte Justus Georg Schottelius machte in seinem Buch »Ausführliche Arbeit von der Teutschen HaubtSprache« im Jahr 1663 den Vorschlag, man könnte Silben ausdehnen und dabei stets zum Beispiel den Buchstaben »p« einbauen. Aus der Wortfolge »Diesen Satz versteht keiner« wird dann Folgendes: »Dipisepen Sapatz veperstehpet keipeineper.« Wenn man das Ganze mit einer etwas unüblichen Betonung ausspricht – zum Beispiel jeweils auf der zweiten Silbe –, ist der Satz tatsächlich erst einmal schwer verständlich. Außer für die natürlich, die es geübt haben, eine solche »P-Sprache« zu verstehen.

In einem Dorf in Unterfranken hat schon seit längerer Zeit ein Teil der Bevölkerung ein ähnliches Prinzip verwendet, um eine Geheimsprache zu schaffen. Das »Welschen« des Örtchens Frammersbach ist allerdings etwas komplizierter angelegt als die P-Sprache. Auch dort waren es wohl Geschäftsleute, die sich Folgendes überlegten, um ihre Gespräche geheim zu halten: Die hellen Vokale (i, e) werden zu einem »ie« umgeformt, die dunklen Vokale (a,o,u) sowie »au« zu einem »ue«. Aus »ä«, »ö« und »ü« wird ein »üe«. Aus »ei«, »ai« oder »oi« wird »ui«. Außerdem wird der erste Konsonant in einem Wort von seiner eigentlichen Position entfernt und ans Wortende gehängt, zusätzlich folgt noch ein »ä«. Das klingt kompliziert, doch einige Frammersbacher beherrschen die Methode heute noch. In ihrer Sprache würde aus den Wörtern »Diesen Satz versteht keiner« folgende Lautfolge: »Iesiendä uetzsä ierstiehtvä uinierkä.«

Der Schlüssel zum Geheimnis

Was die Frammersbacher bei ihrem »Welschen« anwenden, ist eine besondere Form der Geheimsprache: die verschlüsselte Sprache. Das heißt, ein Ursprungstext wird nach bestimmten Regeln verändert. Nur wer die Regeln kennt, kann den Text verstehen. Bei der Verschlüsselung von gesprochener Sprache, wie dem Frammersbacher Welschen, kann der Schlüssel nicht allzu kompliziert sein. Denn sonst wäre nicht nur der, der etwas sagt, ziemlich schnell überfordert, sondern auch der, der etwas verstehen soll. Die wirklich komplizierten Verschlüsselungstechniken haben Geheimniskrämer in den letzten zwei Jahrtausenden deshalb vor allem bei der Übermittlung schriftlicher Botschaften entwickelt.

Den berühmtesten Geheimschlüssel hat ein legendärer Feldherr und Staatsmann schon vor gut 2000 Jahren eingesetzt. Wenn der römische Herrscher Julius Cäsar Botschaften verschickte, war beispielsweise so etwas zu lesen (nicht auf Latein, sondern in deutscher Übersetzung selbstverständlich):

GLHVHQ VDWC YHUVWHKW NHLQHU

Das liest sich erst einmal rätselhaft. Doch für einen Geheimschriftexperten, einen Kryptologen, ist diese auf den ersten Blick sinnlose Buchstabenfolge leicht zu entziffern. Denn sie ist im sogenannten »Cäsar-Alphabet« geschrieben. Und das ist nichts anderes als das normale Alphabet, allerdings um ein paar Stellen nach rechts verrückt. So wird aus einem A ein D, aus einem B ein E und so weiter:

A	B	C	D	E	F	G	H	I	J	K	L	M	N	O	P	Q	R	S	T	U	V	W	X	Y	Z
D	E	F	G	H	I	J	K	L	M	N	O	P	Q	R	S	T	U	V	W	X	Y	Z	A	B	C

Wer den Verdacht hat, dass eine Nachricht im Cäsar-Code verschlüsselt ist, kann eine solche Geheimbotschaft relativ leicht knacken. Er muss nur herausfinden, um wie viele Stellen das Geheimalphabet im Vergleich zum normalen Alphabet versetzt ist. Das lässt sich, wenn man sich ein wenig Zeit nimmt, durch einfaches Ausprobieren feststellen. Denn es gibt nur so viele Möglichkeiten, wie das Alphabet Buchstaben hat, nämlich 26.

Wem Ausprobieren zu stupide ist, der kann auch die Statistik zu

Lange Zeit wurden mechanische Chiffriermaschinen verwendet, um Texte zu verschlüsseln. Heute übernehmen Computer diese Aufgabe.

Hilfe nehmen. Denn in jeder Sprache der Welt sind die verschiedenen Buchstaben sehr ungleich verteilt. Im Deutschen beispielsweise kommt der Buchstabe »E« mit Abstand am häufigsten vor, gefolgt vom »N«. Bei dem im Cäsar-Code verschlüsselten Text »GLHVHQ VDWC YHUVWHKW NHLQHU« stellt man fest, dass das »H« sechsmal vorkommt – und damit unschlagbar der häufigste Buchstabe ist. Daraus lässt sich schließen, dass das Cäsar-Alphabet so verschoben ist, dass ein »E« einem »H« entspricht – und schon ist der geheime Text geknackt.

159

Geheim, geheimer, unknackbar

Die Kryptologen haben deshalb schon bald versucht, den Cäsar-Code zu verändern und damit sicherer zu machen. So gab es den Vorschlag, man könnte die Vokale aus der eigentlichen Geheimbotschaft streichen. Aus der Wortfolge »DIESEN SATZ VERSTEHT KEINER« wird damit: »DSN STZ VRSTHT KNR«. Dann kann man die verbliebenen Konsonanten nach dem Cäsar-Prinzip verschieben. So lässt sich, wenn man mag, ein um zwei Stellen verschobenes Cäsar-Alphabet wählen:

B	C	D	F	G	H	J	K	L	M	N	P	Q	R	S	T	V	W	X	Y	Z
Y	Z	B	C	D	F	G	H	J	K	L	M	N	P	Q	R	S	T	V	W	X

Damit entsteht die Buchstabenfolge: »BQL QRX SPQRFR HLP«. Zwischen diese Konsonanten kann man wieder beliebig Vokale füllen (die freilich keinerlei Sinn ergeben): »BEQUÄL QUEREX SPQRFOR HELP«. Jemand, der diesen Text entschlüsseln will, könnte erst einmal verwirrt sein: »BEQUÄL« klingt deutsch, »QUEREX« klingt irgendwie lateinisch, »SPQR« ist sicher lateinisch – es ist die Abkürzung für »Roms Senat und Volk«. Daran gehängt könnte man das englisch klingende »FOR« erkennen. »HELP« schließlich ist definitiv englisch. Doch einen Sinn ergibt die Buchstabenfolge freilich nur, wenn man die Verschlüsselungsmethode kennt. Wer sie erahnt, hat den Text – wie alle »Cäsar-Nachrichten« – allerdings schnell geknackt.

Halbwegs sicher wird der Cäsar-Code erst durch eine weitere Verbesserung. Im 17. Jahrhundert haben etliche kluge Leute die sogenannte polyalphabetische Verschlüsselung entwickelt. Dabei werden alle denkbaren Cäsar-Alphabete untereinander geschrieben:

A	B	C	D	E	F	G	H	I	J	K	L	M	N	O	P	Q	R	S	T	U	V	W	X	Y	Z
B	C	D	E	F	G	H	I	J	K	L	M	N	O	P	Q	R	S	T	U	V	W	X	Y	Z	A
C	D	E	F	G	H	I	J	K	L	M	N	O	P	Q	R	S	T	U	V	W	X	Y	Z	A	B
D	E	F	G	H	I	J	K	L	M	N	O	P	Q	R	S	T	U	V	W	X	Y	Z	A	B	C
E	F	G	H	I	J	K	L	M	N	O	P	Q	R	S	T	U	V	W	X	Y	Z	A	B	C	D
F	G	H	I	J	K	L	M	N	O	P	Q	R	S	T	U	V	W	X	Y	Z	A	B	C	D	E
G	H	I	J	K	L	M	N	O	P	Q	R	S	T	U	V	W	X	Y	Z	A	B	C	D	E	F
H	I	J	K	L	M	N	O	P	Q	R	S	T	U	V	W	X	Y	Z	A	B	C	D	E	F	G
I	J	K	L	M	N	O	P	Q	R	S	T	U	V	W	X	Y	Z	A	B	C	D	E	F	G	H
J	K	L	M	N	O	P	Q	R	S	T	U	V	W	X	Y	Z	A	B	C	D	E	F	G	H	I
K	L	M	N	O	P	Q	R	S	T	U	V	W	X	Y	Z	A	B	C	D	E	F	G	H	I	J
L	M	N	O	P	Q	R	S	T	U	V	W	X	Y	Z	A	B	C	D	E	F	G	H	I	J	K
M	N	O	P	Q	R	S	T	U	V	W	X	Y	Z	A	B	C	D	E	F	G	H	I	J	K	L
N	O	P	Q	R	S	T	U	V	W	X	Y	Z	A	B	C	D	E	F	G	H	I	J	K	L	M
O	P	Q	R	S	T	U	V	W	X	Y	Z	A	B	C	D	E	F	G	H	I	J	K	L	M	N
P	Q	R	S	T	U	V	W	X	Y	Z	A	B	C	D	E	F	G	H	I	J	K	L	M	N	O
Q	R	S	T	U	V	W	X	Y	Z	A	B	C	D	E	F	G	H	I	J	K	L	M	N	O	P
R	S	T	U	V	W	X	Y	Z	A	B	C	D	E	F	G	H	I	J	K	L	M	N	O	P	Q
S	T	U	V	W	X	Y	Z	A	B	C	D	E	F	G	H	I	J	K	L	M	N	O	P	Q	R
T	U	V	W	X	Y	Z	A	B	C	D	E	F	G	H	I	J	K	L	M	N	O	P	Q	R	S
U	V	W	X	Y	Z	A	B	C	D	E	F	G	H	I	J	K	L	M	N	O	P	Q	R	S	T
V	W	X	Y	Z	A	B	C	D	E	F	G	H	I	J	K	L	M	N	O	P	Q	R	S	T	U
W	X	Y	Z	A	B	C	D	E	F	G	H	I	J	K	L	M	N	O	P	Q	R	S	T	U	V
X	Y	Z	A	B	C	D	E	F	G	H	I	J	K	L	M	N	O	P	Q	R	S	T	U	V	W
Y	Z	A	B	C	D	E	F	G	H	I	J	K	L	M	N	O	P	Q	R	S	T	U	V	W	X
Z	A	B	C	D	E	F	G	H	I	J	K	L	M	N	O	P	Q	R	S	T	U	V	W	X	Y

Man erhält ein Quadrat. In jedem Kästchen des Quadrats steht ein Buchstabe, der mit zwei anderen Buchstaben verknüpft ist. Denn wie bei einem Schachbrett oder beim Spiel »Schiffeversenken« ist jedes Kästchen dadurch definiert, in welcher Zeile und in welcher Spalte es steht.

Wenn man zum Beispiel in die 7. Zeile von oben (die G-Reihe) und in die 4. Spalte von links geht (die D-Spalte), findet man ein »J«. Dieses »J« hat also sozusagen die Koordinaten G-D.

Dieses Koordinatensystem setzt derjenige, der etwas geheim halten will, auf folgende Weise ein: Er denkt sich eine bestimmte Buchstabenfolge aus, die als Schlüssel dient. Zum Beispiel das Wort »geheim«. Die Buchstaben dieses Schlüsselwortes geben an, in welche Zeile man jeweils springen muss, um einen Text zu verschlüsseln. Damit erhält man also die eine Koordinate. Die Buchstaben des Textes selbst geben die Spalte an, aus der man dann den endgültigen Buchstaben der Geheimbotschaft aussucht. Der zu verschlüsselnde Text liefert also die zweite Koordinate.

G	E	H	E	I	M	G	E	H	E	I	M	G	E	H	E	I	M	G	E	H	E	I	M
D	I	E	S	E	N	S	A	T	Z	V	E	R	S	T	E	H	T	K	E	I	N	E	R

Nun hat man zwei Koordinaten. Als Nächstes muss man im Geheim-Quadrat nur noch nach unten gehen und die Zeile, die mit »G« beginnt, suchen, dann nach rechts gehen und die Spalte suchen, die mit »D« beginnt. Der Buchstabe, der sich am Kreuzungspunkt befindet, der also die passenden Koordinaten hat, ist der Buchstabe, der schließlich im verschlüsselten Text steht:

G	E	H	E	I	M	G	E	H	E	I	M	G	E	H	E	I	M	G	E	H	E	I	M
D	I	E	S	E	N	S	A	T	Z	V	E	R	S	T	E	H	T	K	E	I	N	E	R
J	M	L	W	M	Z	Y	E	A	D	D	Q	X	W	A	I	P	F	Q	I	P	R	M	F

So kommen wir zur Überschrift dieses Kapitels: Jmlwmz Yead dqxwaipf qiprmf.

Diese polyalphabetische Verschlüsselung zu knacken, ist ausgesprochen schwer. Gute drei Jahrhunderte lang sind deshalb die meisten

162

Neugierigen, die polyalphabetisch codierte Botschaften entziffern wollten, an der Aufgabe gescheitert. Allerdings hat auch diese Verschlüsse-
lungstechnik eine Schwachstelle. Wer weiß, wie viele Buchstaben das
Schlüsselwort hat, der weiß auch, von welchen »Kreuzungsstellen« im
Alphabet-Quadrat die verschlüsselten Buchstaben stammen. Dann hat
er also wieder eine Reihe von Cäsar-Alphabeten, die es nur durchzuse-
hen gilt.

Und wer nicht genau weiß, wie viele Buchstaben das Schlüsselwort hat, kann es wiederum mit Ausprobieren versuchen. Mit viel Geduld
und guten Rechenmaschinen haben deshalb ab Mitte des 19. Jahrhunderts Neugierige immer wieder polyalphabetisch verschlüsselte Nachrichten geknackt. Heute gelten solche Botschaften endgültig nicht mehr
als sicher. Doch inzwischen gibt es ganz andere Verschlüsselungsmetho-
den, die wohl einige Jahrhunderte lang unknackbar bleiben könnten.

Kryptologie heute: eine Wissenschaft für Mathematiker und Informatiker

Mit der Erfindung von Rechenmaschinen und Computern wurde bald
klar, dass die sichere (oder wenigstens einigermaßen sichere) Verschlüsselung von Nachrichten besser bei Zahlenakrobaten und Informatikern
aufgehoben ist als bei Sprachkundlern. Vor allem ab den 70er-Jahren
des 20. Jahrhunderts haben Mathematiker und Computerfachleute
Wege gefunden, um Datenpakete aller Art so zu verschlüsseln, dass kein
Unbefugter sie knacken kann. Nicht nur Texte konnten damit unlesbar
gemacht werden, auch Baupläne für Maschinen lassen sich seitdem unkenntlich machen.

Um das Hantieren mit digitalen Signaturen, Public-Key-Kryptografie oder Fiat-Shamir-Verfahren zu verstehen, reichen Interesse für Sprache und ein bisschen Grips nicht mehr aus. Da sind einige Semester Mathematikstudium hilfreich. Außerdem ist für eine Darstellung des modernsten Standes der Kryptografie ein eigenes Buch nötig, das dann jedoch, wie gesagt, nicht sehr viel mit Sprache zu tun hat. Dafür sehr viel mit Zahlen und Algorithmen.

Interessante Internet-Adressen:

Florian Ziem über die Geheimsprache »Welschen«:
http://www.florian-ziem.de/welschen/

Wortliste der Geheimsprache Masematte aus Münster:
http://masematte.susisoft.de

Beinecke-Library MS 408 – Das geheimnisvollste Buch der Welt

Kann es das geben? Ein Buch, das so raffiniert verschlüsselt ist, dass seit Jahrhunderten die begabtesten Geheimschriftexperten scheitern, es zu lesen? Ein Buch, das angesehene Wissenschaftler angeblich so sehr in Verzweiflung gestürzt hat, dass sie in der Psychiatrie gelandet sind? Ein Buch, hinter dem vielleicht doch nur ein Scherz steckt – aber einer, den keiner versteht? Eines jedenfalls ist sicher: Das Buch, das unter der Nummer MS 408 in der Beinecke-Bibliothek der amerikanischen Eliteuniversität Yale steht, gibt bislang unlösbare Rätsel auf. Es gilt vielen Experten für Geheimsprachen als das mysteriöseste Buch der Welt.

Eine verschlungene Geschichte

Das gut 240 Seiten starke Bändchen aus Pergamentpapier, das die Yale-Universität verwahrt, ist unter dem Namen »Voynich-Manuskript« bekannt geworden. Der russisch-amerikanische Buchhändler Wilfrid M. Voynich hatte es 1912 in einer Bibliothek des katholischen Jesuitenordens in Italien aufgestöbert und den Ordensleuten abgekauft. Sie waren zu dieser Zeit offenbar etwas knapp bei Kasse.

Der Bücherjäger Voynich hielt ein Buch in Händen, das niemand verstand. Es ist in einer Schrift geschrieben, die an mittelalterliche lateinische Buchstaben erinnert, aber auch Ähnlichkeiten mit dem altindischen Sanskrit hat. Nur lesbar sind die Zeichen nicht. Je nachdem, wie man die Grenzen zwischen den Schriftzeichen zieht, ergibt sich ein Alphabet von 23 bis 30 Buchstaben.

Der Text ist offenbar in Wörter gegliedert, jedoch gibt es keine Satzzeichen. Auf fast jeder Seite finden sich rätselhafte Bilder. Einige stellen Pflanzen dar – verwirrenderweise zum Teil solche, die in der Natur nicht vorkommen. Auf anderen Seiten sind Sterne, Planeten und astronomische Geräte abgebildet. Auch nackte Frauen, die aus eigentümlichen Rohrsystemen emporsteigen, sind zu sehen.

Wer das Buch geschrieben hat, ist völlig unklar. Briefe, die bei dem Voynich-Manuskript gefunden wurden, legen nahe, der mittelalterliche Alchimist Roger Bacon habe es im 13. Jahrhundert verfasst. Sicher ist nur, dass das Buch im 16. und 17. Jahrhundert durch zahlreiche Hände ging. Rudolf II., 1576 bis 1612 Kaiser des Heiligen Römischen Reiches Deutscher Nation, soll es für 600 Dukaten gekauft haben – damals ein kleines Vermögen. Dann war der Band viele hundert Jahre verschollen. Bis Wilfrid Voynich den rätselhaften Text an die Öffentlichkeit brachte.

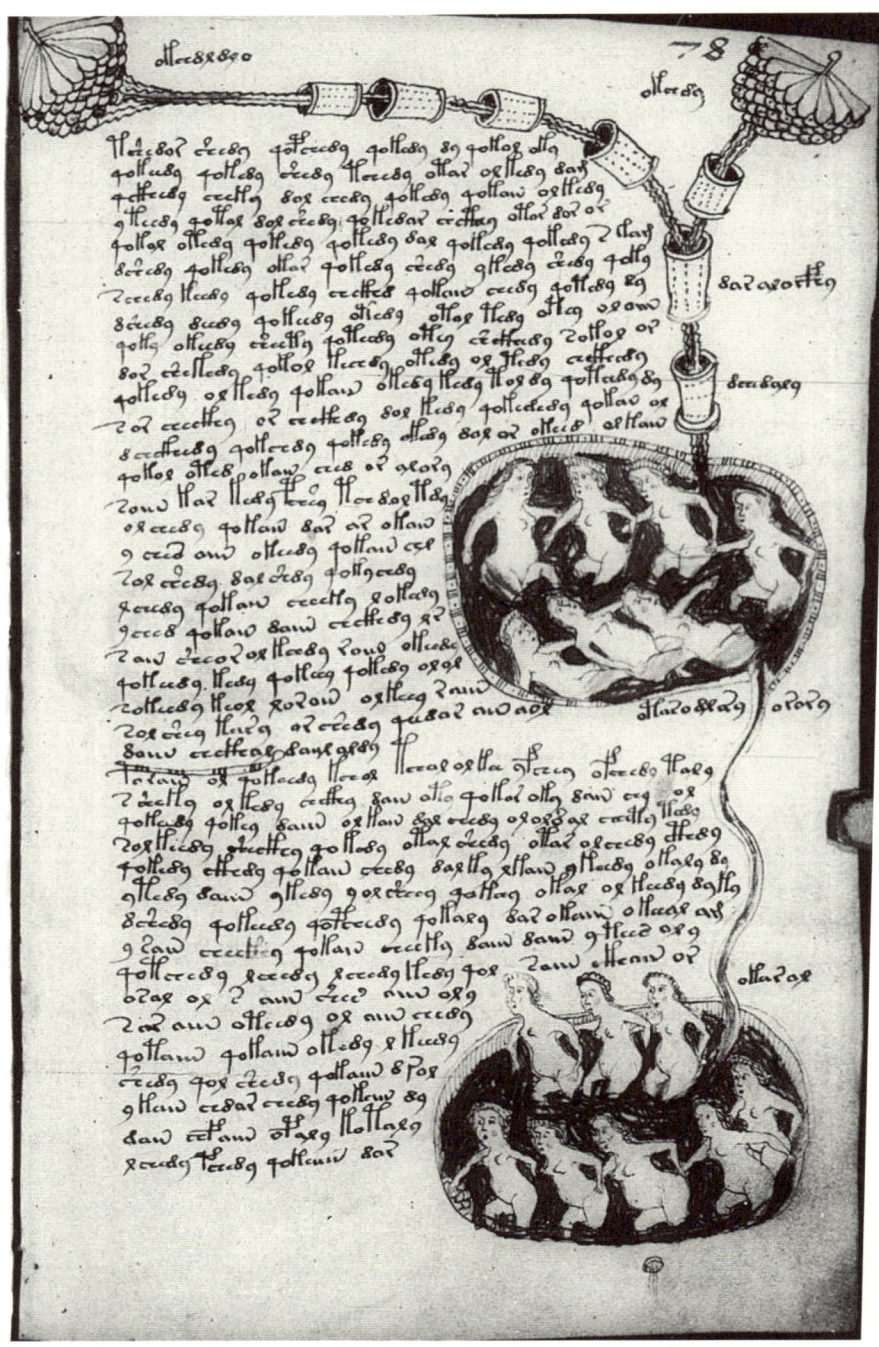

Das Voynich-Manuskript enthält Schriftzeichen und Bilder, die sich bis heute jeder Deutung entziehen.

Erfolglose Deutungsversuche

Offensichtlich waren schon im 16. und 17. Jahrhundert alle Besitzer des Buches daran gescheitert, es zu entziffern. Schon bald nach der Veröffentlichung durch Wilfrid M. Voynich Anfang des 20. Jahrhunderts machten sich aber zahlreiche Fachleute daran, den Text nun endgültig zu knacken. Doch Kryptologie-Experten des amerikanischen Geheimdienstes NSA waren ebenso erfolglos wie zahlreiche Universitätsprofessoren, die sich an der harten Nuss die Zähne ausbissen. Es gibt Berichte, ein Hochschullehrer der Uni von Pennsylvania sei so sehr an dem rätselhaften Buch verzweifelt, dass er zeitweise ein Fall für den Psychiater wurde. Allerdings sind diese Berichte nicht gesichert, wie so vieles, was mit dem Voynich-Manuskript zu tun hat.

Die Zahl der Theorien, welcher Code hinter dem Text steht, geht in die Dutzende. Es könnte sich um eine hochkomplizierte Verschlüsselung von Buchstaben aus mehreren Alphabeten handeln, meinen die einen Fachleute. Andere Experten ergänzen, es könnte sein, dass falsche Buchstaben eingestreut sind, dass die Wortgrenzen falsch gezogen wurden oder dass der Autor des Textes zusätzlich noch die Vokale weggelassen hat, um eine Entzifferung zu erschweren.

Es gibt auch die These, der Text sei in einer Sonderform einer asiatischen Sprache verfasst: Das Mandschu-Tungusisch sei in ein Geheimalphabet übertragen worden – und das Ergebnis leider völlig unverständlich. Ein esoterisch angehauchter Schriftsteller glaubt, das Buch stamme aus einer anderen Welt und lasse sich, wenn überhaupt, nur im Traum deuten.

Rätselhafte Wörter

Immer wieder veröffentlichen »Voynichologen« Übersetzungsversuche. Die klingen dann beispielsweise so wie bei Professor Leonell Strong von der amerikanischen Yale-Universität: »When skuge of tun'e -bag rip, seo uogon kum sli of se mosure-issued ped-stans skubent, stokked kimbo-elbow crawknot.«

Nicht nur für Deutsche, Franzosen oder Italiener, die Englisch mit viel Mühe als Fremdsprache gelernt haben, klingt dieser Satz reichlich unverständlich. Auch fast alle englischen Muttersprachler macht diese Voynich-Übersetzung ratlos. Professor Strong argumentierte zwar, seine Übertragung sei mittelalterliches Englisch und enthalte Informationen über den Ablauf einer Geburt. Doch die meisten seiner Kollegen schüttelten über diese Deutung bloß den Kopf.

Alles nur ein Scherz?

Weil sich das Voynich-Manuskript allen Deutungsversuchen hartnäckig widersetzt, gewinnt eine andere These immer mehr Anhänger: Der Text ergibt gar keinen Sinn. Es handelt sich um einen raffinierten Zeichensalat, der nur dazu aufs Papier gepinselt wurde, um Kaiser Rudolf II. Geld aus der Tasche zu ziehen – mit der Versprechung, man verkaufe ihm ein wundersames Zauberbuch.

Der britische Computerspezialist Gordon Rugg ist ziemlich sicher, dass das Buch vor einigen hundert Jahren genau aus diesem Grund zu Papier gebracht wurde. Als möglicher Urheber käme der englische Alchimist Edward Kelley infrage. Zu seiner Zeit hat er von sich Reden ge-

EDUARDVS KELLAEVS,
Celebris Anglus et Chymiae
Peritissimus.
Ex collectione Friederici Roth Scholtzii.

Der mittelalterliche Alchimist Edward Kelley könnte der Urheber des rätselhaften Voynich-Manuskriptes sein.

macht, weil er behauptete, er könne mit Engeln sprechen und Kupfer in Gold verwandeln; einige Male saß er wegen Betrugs im Kerker. Mit Sicherheit beweisen kann Gordon Rugg seine Scherz-Theorie bislang aber auch nicht. Er hat nur Vermutungen. Womit das Rätsel des Buches mit der Nummer MS 408 erst einmal weiter ungelöst bleibt.

Interessante Internet-Adressen:

Das Voynich-Manuskript zum Selbstanschauen auf der Hompage der Yale-Universität:
http://webtext.library.yale.edu/beinflat/pre1600.MS408.htm

Die Homepage des »Voynichologen« René Zandbergen:
http://www.voynich.nu

Die Homepage des Voynich-Zweiflers Gordon Rugg:
http://mcs.open.ac.uk/gr768/thingsinprogress/voynich.shtml

13. Für eine Menschheit eine Sprache!
Oder: Lässt sich eine künstliche Weltsprache schaffen?

Es war ein drängendes Problem, das den Pfarrer Johann Martin Schleyer gegen Ende des 19. Jahrhunderts beschäftigte. Er führte zwar ein ruhiges Leben in dem beschaulichen Örtchen Litzelstetten bei Konstanz, doch sein Blick ging in die ganze weite Welt. Und dort erkannte er einen heillosen Wirrwarr der verschiedensten Sprachen. Es erschien dem Pfarrer widersinnig, dass sich die Völker, die nach seinem Glauben doch alle vom gleichen Gott erschaffen waren, nicht verständigen konnten. Deshalb fasste Schleyer einen Plan. Er hatte nichts Geringeres vor, als eine Weltsprache zu schaffen.

Zunächst überlegte der Pfarrer, ob er nicht Deutsch, Englisch, Französisch, Italienisch, Spanisch und Russisch zu einer Mischsprache vereinigen könnte. »Völkerdolmetsch« sollte das Kunstgebilde heißen. Doch diese Idee ließ sich nicht so recht umsetzen, stellte Schleyer bald fest. Dann allerdings erlebte er eine schlaflose Märznacht. Und diese Nacht sollte sein Leben verändern. Denn es »stand plötzlich das Gebäude meiner Weltsprache vor meinem geistigen Auge«, berichtete er später. Diese sozusagen göttliche Eingebung fasste Schleyer unter der Überschrift zusammen: »Menade bal – püki bal!« Nur der Pfarrer wusste zunächst, was diese Worte bedeuten sollten: Eine Menschheit – eine Sprache.

Der Wettbewerb um die Weltsprache beginnt

Die Forderung, es sollte eine Weltsprache geben, war schon lange vor der Geburt des Pfarrers Schleyer immer wieder laut geworden. Vor allem Philosophen wie der Deutsche Gottfried Wilhelm Leibniz (1646 bis 1716) und der Franzose René Descartes (1596 bis 1650) grübelten über eine einheitliche Sprache für die ganze Menschheit. Doch sie waren nicht so beherzt wie der Gottesmann Schleyer. Der folgte seiner Eingebung, ohne zu zaudern, und schrieb ab dem 31. März 1879 die Grundzüge der künstlichen Sprache auf, die eine ganz neue Verständigung zwischen den Völkern ermöglichen sollte.

»Volapük« taufte der Pfarrer seine Kopfgeburt. An dem einzelnen Wort bereits lassen sich einige Grundprinzipien der Sprache erkennen: Sie sollte viele Begriffe aus dem Englischen und Deutschen aufgreifen. So steckt in Volapük das Wort *vol* für Welt (von englisch *world*) und das Wort *pük* für Sprache (von englisch *speak*). Ein weiteres Grundprinzip des Volapük ist, dass es reichlich kompliziert konstruiert ist: Kaum ein Engländer oder Amerikaner könnte aus dem Stand den Begriff »Weltsprache« aus »Volapük« herauslesen. Aber nicht nur die Wörter werden auf eine oftmals verschlungene Weise geformt. Auch die Grammatik hat es in sich. Es gibt verschiedene Deklinationen und Konjugationen, zwei Formen des Passivs und eine große Schar von Präpositionen.

Dennoch ging ab 1879 eine Welle der Begeisterung für die Idee der Weltsprache durch Europa und die anderen vier Kontinente. Schon wenige Jahre nach der legendären Eingebung des Pfarrers gab es in den meisten deutschen Großstädten, aber auch in vielen Dörfern »Weltsprachevereine«. In fast allen europäischen Ländern ebenso wie in den USA, China, Südafrika und Australien setzten sich regelmäßig Menschen zusammen, um Volapük zu lernen und zu sprechen. Im Jahr 1887 gründete sich eine eigene Akademie (Kadem Volapüka) in München. Im zehnten Jahr nach Schleyers Idee wurden 23 Volapük-Zeitungen gezählt.

Volapük blieb nicht das einzige Projekt für eine internationale Kunstsprache. Etwa um die Wende vom 19. zum 20. Jahrhundert begann die Globalisierung, auch wenn diese Entwicklung erst deutlich später ihren heutigen Namen erhielt. Es war die Blütezeit des Kolonialismus. Auf gewaltsamem wie auch auf friedlichem Weg sorgten die europäischen Staaten und die USA dafür, dass sich der weltweite Verkehr mit Waren rasant beschleunigte. Da schien es vielen Menschen auf der nördlichen Hälfte der Erde geradezu zwingend, dass eine einheitliche Sprache für die ganze Welt geschaffen werden müsste. (In den Kolonialstaaten Afrikas und Südasiens hätte es den Menschen wohl genügt, man hätte sie einfach in Frieden gelassen.)

Fast im Monatstakt veröffentlichten kluge und weniger kluge Männer Vorschläge, wie die Menschheit ihre Sprachhindernisse überwinden könnte. Vor allem bis zum Ersten Weltkrieg überschlugen sich die Ideen geradezu: Esperanto, Lingua Komun, Idiom Neutral, Interlingua, Perio, Lingua Internacional, Ekselsioro, Ulla, Mondolingvo, Antido, Romanizat, Romanal, Mez-Vojo, Occidental, Interglossa – diese Aufzählung der »Plansprachen« ist längst nicht vollständig.

Bauanleitung für eine Sprache

In ihrem Ziel waren sich die Väter der diversen Kunstsprachen einig. Leicht erlernbar für möglichst viele Menschen sollten sie sein. Daher entnahmen die Kunstsprachen oft Elemente aus weitverbreiteten Sprachen. Ein klassisches Beispiel ist das Esperanto. Der Augenarzt Ludwig Lazarus Zamenhof veröffentlichte 1887 in Warschau seinen Entwurf für eine Weltsprache. Er gab seinen Namen in der nur rund 40 Seiten starken Broschüre mit »Dr. Esperanto« an – was in der neuen Sprache so viel heißt wie »der Hoffende«. Zamenhofs Geheimname wurde bald zum Namen der Sprache, die er geschaffen hatte.

Der sprachbegeisterte Augenarzt bemühte sich, die Wortstämme für die verschiedenen Begriffe seiner neuen »Plansprache« so zu wählen, dass möglichst viele Menschen, die eine europäische Sprache sprechen, sie verstehen: Dass *glaso* für »Glas« steht, kapieren Deutsche, Engländer und Amerikaner ohne Schwierigkeiten. Dass *bona* so viel wie »gut« heißt, ist für Spanier (und auch Lateinamerikaner), Italiener und Franzosen sofort klar. Oder *klara*, wie es auf Esperanto heißt.

Dr. Zamenhof (alias Dr. Esperanto) versuchte aber nicht nur, einen logisch aufgebauten Wortschatz zu schaffen. Er wollte auch eine möglichst einfache Grammatik konstruieren:

– nur ein Artikel: *la* (statt z. B. im Deutschen der, die, das);
– nur eine Art, die Mehrzahl zu bilden: durch ein angehängtes »-j« (statt wie z. B. im Deutschen diverseste Möglichkeiten: Tag/Tage, Kind/Kinder, Bett/Betten, Oma/Omas, Thema/Themen, Mutter/Mütter usw.);
– nur eine Konjugation für alle Verben (statt über 190 wie im Deutschen);
– ein logisches »Baukastensystem« für die Bildung aller Wörter.

Bei Esperanto-Kongressen treffen sich seit Anfang des 20. Jahrhunderts mitunter mehrere tausend Freunde der Kunstsprache, die Dr. Zamenhof erfunden hat.

Wortbildungssystem des Esperanto

Silbe	Bedeutung	Esperanto-Beispiel	Deutsche Bedeutung
-o	Hauptwort, (männlich)	kok-o	Hahn
-ej-	bestimmter Ort	kok-ej-o	Hühnerstall
-ist-	Beruf	kok-ist-o	Hühnerzüchter
-id-	Nachfolger	kok-ist-id-o	Sohn eines Hühnerzüchters
-in-	weiblich	kok-ist-id-in-o	Tochter eines Hühnerzüchters

Es gab auch völlig andere Ideen, wie man eine Kunstsprache für alle Menschen schaffen könnte. Aus Frankreich kam der Vorschlag, eine internationale Sprache einzuführen, die nicht aus Silben besteht, sondern aus den verschiedenen Stufen der Tonleiter.

Reden – Singen – Klopfen: Solresol

Die Idee, die der französische Musiker François Sudre Anfang des 19. Jahrhunderts entwickelte, klingt zunächst bizarr: Die Menschen sollten nicht mit den üblichen Sprachlauten kommunizieren, sondern durch Musik. Um seine Kunstsprache zu konstruieren, benutzte Sudre die in Frankreich (und auch in Italien und Spanien) verwendeten Namen der sieben Haupttöne als Grundmaterial: Do – Re – Mi – Fa – Sol – La – Si. Wenn man pro Wort bis zu fünf

Töne zusammensetzt, ergeben sich 11 732 Kombinationsmöglichkeiten. Das müsste für eine komplette Sprache genügen, meinte Sudre.

Besonders wichtige Wörter hielt der Kapellmeister möglichst kurz: Si – Ja; Do – Nein / nicht. Unterschiedliche Begriffe, die aber aus dem gleichen Bereich stammen, werden über die Tonleiter gesteigert. Je weiter oben in der Tonleiter der letzte Teil des Wortes liegt, desto »größer« ist der Begriff sozusagen: doredo – Zeit; doremi – Tag; dorefa – Woche; doresol – Monat; dorela – Jahr; doresi – Jahrhundert.

Sudre pries vor allem die Vielfalt seiner Kunstsprache: Wer »Tag« sagen will, kann entweder die Lautfolge *Doremi* aussprechen. Er kann die entsprechenden Töne ebenso summen oder er kann die Töne auf einem Instrument spielen. Er kann auch Zahlen verwenden: Denn die sieben Töne der Tonleiter lassen sich durchnummerieren: *Doremi* (Tag) wäre dann: 123. Diese Zahl kann man einerseits schriftlich übermitteln oder durch Klopfzeichen: »klopf – klopfklopf – klopfklopfklopf« hieße dann wiederum »Tag«.

Es gibt noch eine weitere Möglichkeit der Solresol-Kommunikation ganz ohne Töne und Geräusche: Wer etwas sagen will, muss seinem Gesprächspartner nur klarmachen, dass die Finger seiner einen Hand den fünf Notenlinien entsprechen sollen. Mit der anderen Hand kann er dann zeigen, wo die Noten lägen, durch die er sprechen will.

Allerdings wurde eines bald klar: Diese Sprache ist zwar ein faszinierendes Gedankenspiel. Doch um sie zu lernen, müsste man ein Gedächtnis wie ein Computer haben.

Streit, Ernüchterung, Niedergang

So begeistert die Weltsprachen-Bewegung im 19. Jahrhundert startete, so heftig war die Ernüchterung, die bald eintrat. Die Anhänger der ersten großen Welt-Hilfssprache Volapük zerstritten sich schon nach kurzer Zeit über die Frage, ob man das komplizierte Regelwerk nicht doch etwas reformieren sollte. Bald gab es verfeindete Lager unter den Volapükianern – was keine gute Voraussetzung ist, wenn man eine einheitliche Weltsprache verbreiten möchte. Volapük versank folgerichtig in der Bedeutungslosigkeit. Auch fast alle anderen über hundert Vorschläge für eine Weltsprache sind in Archiven verschwunden und verstauben dort – bis auf eine Ausnahme.

Tapfere Idealisten: die Esperantistoj

Die einzige »Weltsprache«, bei der sich eine halbwegs lebendige Sprechergemeinde erhalten hat, ist Esperanto. Es gibt auf der ganzen Welt Hunderte von Esperanto-Klubs. Es treten Bands und Sänger auf, die auf Esperanto singen. Eine beachtliche Zahl von Schriftstellern schreibt auf Esperanto, zumindest ab und zu. Der Internationale Polizeiverband mit rund 300 000 Mitgliedern hat sein Motto auf Esperanto formuliert: *Servo per amikeco* – »Dienen durch Freundschaft«. Die Frage, wie viele Menschen die Sprache weltweit beherrschen, lässt sich nur schwer beantworten: Die Schätzungen schwanken zwischen einer und vier Millionen.

Damit ist das Ziel, das sich der Esperanto-Begründer Ludwig Lazarus Zamenhof gesetzt hatte, aber noch bei Weitem nicht erreicht. Er hatte schon vor weit über hundert Jahren Formulare mit einer Verpflichtungs-erklärung verbreitet – Weltsprachen-Freunde sollten öffentlich verspre-chen, Esperanto zu lernen, sobald insgesamt zehn Millionen Menschen ein solches Formular unterzeichnet hätten.

Der ewige Feind der Plansprachen: Englisch

Die Gründe, warum keine Plansprache jemals einen echten Durch-bruch erlebt hat, sind vielfältig. Kritiker des Esperanto und anderer in Europa entwickelter Sprachen stört es, dass sich die Plansprachen nur am europäischen Wortschatz anlehnen. Ein Japaner hat wenig da-von, dass die Esperanto-Wörter *glaso* oder *klara* für viele Europäer leicht zu lernen sind. Die Idee, für jeden Kulturraum eine eigene Plansprache zu erfinden, hat auch nicht weit geführt. Die Kunstsprache »Afrihili« will mit Elementen aus afrikanischen Sprachen eine Einheitssprache für den schwarzen Kontinent schaffen. Doch hat auch Afrihili zwischen Kapstadt und Casablanca kaum Anhänger gefunden.

Das Haupthindernis für einen Erfolg der Plansprachen kommt aus Großbritannien. Englisch ist in vielen Ländern entweder Amtssprache oder es wird an den Schulen beziehungsweise schon in Kindergärten gelehrt. So spielt es beinahe die Rolle, die sich Pfarrer Schleyer für sein Volapük gewünscht hatte: die Sprache der ganzen Welt zu sein. Aller-dings stellen viele, die sich etwas tiefer ins Englische einarbeiten, bald fest, dass es nicht wirklich eine einfache Sprache ist. Vom Ideal einer rundum leicht erlernbaren Verständigungsbasis für die ganze Mensch-heit ist die Sprache von Shakespeare und Robbie Williams weit entfernt. Aber auch hier haben sich Freunde des Weltsprachen-Gedankens etwas einfallen lassen.

Von BASIC zu BSE

Im Jahr 1930 präsentierte der britische Sprachforscher Charles Kay Ogden eine internationale Sprache, die er aus dem Englischen entwickelt hatte: BASIC English. BASIC steht dabei nicht nur für »grundlegend, einfach«, sondern soll eine Abkürzung sein für »British American Scientific International Commercial«. Ogden hat aus den mehr als 600 000 Wörtern, die das Englische umfasst, 850 ausgewählt, mit denen sich seiner Ansicht nach alles Wesentliche ausdrücken lässt. Dazu kommen noch einige auf der ganzen Welt bekannte Begriffe wie *coffee* und wissenschaftliche Ausdrücke. Alle anderen Wörter, die nicht auf Ogdens Liste stehen, sollten die Basic-English-Sprecher aus den Grundwörtern zusammensetzen.

So wäre das Wort *coffin* (für deutsch »Sarg«) in Ogdens Basic English verboten. Stattdessen müsste man sagen: *box for a dead body*. Und hier zeigt sich schnell, warum sich auch Basic English nicht besonders weit durchgesetzt hat: Es mag für jemanden, der etwas liest oder schreibt, verstehbar sein, wenn er die Wortfolge »Schachtel für einen toten Körper« präsentiert bekommt. Doch jemand, der das englische Wort *coffin* kennt, es aber dennoch mit *box for a dead body* umschreiben soll, wird zu dem Ergebnis kommen: Eine Vereinfachung im Vergleich zum herkömmlichen Englisch ist das nicht.

Deshalb hat wohl höchstens eine andere Variante des Englischen die Aussicht, eine echte künstliche Weltsprache zu werden: die bunt gemischte, akzentgeschmückte Version des Englischen, die nicht-englische Muttersprachler in Tokio, Brüssel oder Rio de Janeiro jeden Tag benutzen, um Sprachbarrieren zu überwinden. Was dabei herauskommt, wenn Franzosen, Deutsche, Griechen oder Spanier Englisch zu ihrer gemeinsamen Kunstsprache machen, hat schon einen eigenen Namen erhalten: Bad Simple English (schlechtes einfaches Englisch) – kurz BSE.

Interessante Internet-Adressen:

Lehrbuch der »Weltsprache« Volapük:
http://filip.ouvaton.org/vp/lehrbuch

Deutscher Esperanto-Bund:
http://www.esperanto.de

Informationen über Interlingua:
http://www.interlingua.fi

Informationen über Interlingue/Occidental:
http://www.interlingue.com

Informationen über Basic English:
http://ogden.basic-english.org

14. Vierundfünfzig Sprachen in siebzehn Jahren
Oder: Wie viele Sprachen kann ein Mensch lernen?

Man mag es kaum glauben, was über Georg Sauerwein geschrieben wird. So gibt es über den Sprachgelehrten, der von 1831 bis 1904 lebte, folgende Anekdote: Bei einer Reise lernte er in der Eisenbahn drei Frauen kennen, die in einer Sprache redeten, die er nicht verstand. Sauerwein hatte nicht nur an jungen Frauen reges Interesse, sondern auch an fremden Sprachen. Also beschloss er, seine Reisepläne zu ändern, um die Damen ein Weilchen zu begleiten. So kam er an seinem eigentlichen Reiseziel fünf Tage später als geplant an. Dafür habe er aber perfekt Finnisch gesprochen, heißt es.

Nicht weiter verwunderlich, dass die Liste der Sprachen, die Sauerwein beherrscht haben soll, schier kein Ende nimmt: Latein, Altgriechisch, Neugriechisch, Hebräisch, Französisch, Italienisch, Spanisch, Baskisch, Portugiesisch, Englisch, Kymrisch, Irisch, Gälisch, Holländisch, Dänisch, Isländisch, Norwegisch, Schwedisch, Lappisch, Finnisch, Estnisch, Lettisch, Litauisch, Polnisch, Russisch, Ruthenisch, Ukrainisch, Sorbisch, Tschechisch, Slowakisch, Bulgarisch, Serbisch, Kroatisch, Ungarisch, Rumänisch, Albanisch, Türkisch, Aserisch, Tschuwaschisch, Tamulisch, Kaschgarisch, Kumykisch, Persisch, Armenisch, Georgisch, Sanskrit, Romani, Hindi, Kabylisch, Amharisch, Tigrisch, Koptisch, Alt-Ägyptisch, Arabisch, Madagassisch, Malaiisch, Samoisch, Hawaiisch, Chinesisch (mit verschiedenen Dialekten), Manx, Cornisch, Aneiteum.

Es gibt immer wieder Berichte über Genies, deren Begabung für fremde Sprachen so enorm war (oder ist), dass man es kaum zu fassen vermag. Im Jahr 1774 wurde im italienischen Bologna Giuseppe Mezzofanti geboren. Mit 20 Jahren soll er schon 20 Sprachen beherrscht haben. Während seiner beruflichen Laufbahn als katholischer Geistlicher und schließlich Kardinal habe er die Zahl seiner Sprachen auf über 70 erhöht. Mezzofanti starb im Jahr 1850, es lässt sich also heute leider nicht mehr nachprüfen, wie gut er denn all diese Sprachen tatsächlich beherrschte.

Auch bei den Berichten über Ziad Fazah gibt es manches, was eher sagenhaft als glaubhaft erscheint. Der 1956 in Liberia geborene Libanese lebt inzwischen in Brasilien und rühmt sich, er habe schon mit 17 Jahren sage und schreibe 54 Sprachen beherrscht. Es gebe keine von den Vereinten Nationen anerkannte Sprache, in der er sich nicht verständlich machen könne, soll Fazah behauptet haben. Ansonsten hat er in der Szene der Sprachkenner aber wenig von sich reden gemacht.

Mehr als nur Gerüchte

Neben Berichten über Sprachgenies, bei denen die Grenzen zwischen Sagenhaftem und Glaubhaftem fließend sind, gibt es jedoch auch Polyglotte (das heißt Vielsprachige), an deren Fähigkeiten man kaum Zweifel haben kann. Der amerikanische Professor der Sprachwissenschaften Kenneth Hale beispielsweise beherrschte 50 Sprachen. So viele haben zumindest seine Kollegen gezählt. Professor Hale selbst, der auch Präsident der sprachwissenschaftlichen Gesellschaft von Amerika war, hat auf solche Statistiken keinen Wert gelegt. In jedem Fall gibt es eindeutige Belege, dass er sich sogar in ausgesprochen exotischen Sprachen gut auskannte: Für die australische Eingeborenensprache Warlpiri hat er an einem Wörterbuch mitgearbeitet und auch für die Indiosprachen Ulwa und Miskitu aus Nicaragua hat er Wörterbücher mit entwickelt.

Ein anderes Beispiel eines recht seriösen Sprachgenies ist Johan Vandewalle. Der 1960 geborene Belgier nahm im Alter von 26 Jahren an einem Wettbewerb für Vielsprachige teil. Dabei wurde ihm bestätigt, dass er 22 lebende Sprachen beherrschte und neun Sprachen, die ausgestorben sind, wie zum Beispiel Alt-Osmanisch. Nach dem Wettbewerb habe er noch Albanisch, Hindi, Urdu und ein bisschen Finnisch gelernt, sagte Vandewalle im Jahr 2005. »Aber die Zahl der Sprachen, die man beherrscht, ist nicht wichtig«, erklärt der Belgier ganz bescheiden.

Was ist das Geheimnis der Sprachgenies?

Wenn man die Lebensläufe verschiedener Sprachgenies miteinander vergleicht, lässt sich kaum ein Patentrezept finden, wie man möglichst viele Sprachen möglichst schnell lernt. Auffällig ist höchstens, dass *keiner* der berühmten Polyglotten aus einer mehrsprachigen Familie stammte. Sie sind alle erst einmal mit *einer* Muttersprache aufgewachsen. Um Sprachgenie zu werden, ist es also nicht Voraussetzung, dass man als Sohn eines französischen Vaters und einer amerikanischen Mutter in Deutschland geboren wird und dann mit drei Jahren nach China umzieht, mit sechs Jahren weiter nach Russland, mit neun nach Finnland und so weiter…

Auch aus den Lerntechniken, die berühmte Sprachgenies angewandt haben, lässt sich kein einheitliches Rezept destillieren. Der Archäologe Heinrich Schliemann hielt nicht viel davon, Grammatik zu pauken. Er

Der Archäologe Heinrich Schliemann soll mehr als 30 Sprachen beherrscht haben.

soll vielmehr gesagt haben, seine Methode sei »regelfreies Lernen aus dem täglichen Gebrauch«. Damit hat er sich immerhin rund 30 Sprachen angeeignet. Georg Sauerwein hat seine etwa 60 Sprachen ebenfalls nicht nur mit Grammatikbüchern gelernt. Er bevorzugte »das Schwimmen im Meere einer Sprache«, wie er es formulierte. Und seine Lieblingsmethode hat er in einem Gedicht so beschrieben:

> *Die Sprache lernt man leichter ja,*
> *Wenn man's mit Liedlein süßt.*
> *Am allerleichtesten ist's da –*
> *Wenn man die Mägdlein küßt.*

Das Gedicht hat Sauerwein, wie es sich für einen Polyglotten gehört, ursprünglich übrigens auf Litauisch verfasst.

Ganz andere Lerntechniken hat hingegen der deutsche Chinesisch-Dolmetscher Emil Krebs angewendet. Zwischen seiner Geburt im Jahr 1867 und seinem Tod im Jahr 1930 vertiefte er sich in rund 60 Sprachen. Seine bevorzugte Methode war es, vor Büchern zu sitzen und zu büffeln. Regelmäßig soll er bis drei Uhr nachts über Fremdsprachentexten gebrütet haben. Im Umgang mit anderen Menschen galt Krebs allerdings als schrullig und verschlossen. Bei Abendgesellschaften habe er »in 45 Sprachen geschwiegen«, heißt es über ihn.

Konsequentes und zielstrebiges Lernen ist auch etwas, was der Belgier Johan Vandewalle für den richtigen Weg zur Vielsprachigkeit hält. Er habe dabei den Vorteil gehabt, dass in Belgien an der Schule neben den zwei Staatssprachen Flämisch und Französisch auch Englisch, Deutsch und Latein gelehrt wurden, sagt er. Damit habe er eine gute Voraussetzung gehabt, um noch weit mehr Sprachen zu lernen. Er habe außerdem ab seinem 13. Lebensjahr ständig ausländische Radioprogramme gehört und später stundenlang fremdsprachige Fernsehsender laufen lassen.

Und nicht zuletzt gehe er beim Lernen neuer Sprachen planmäßig vor, sagt Vandewalle. Entscheidend sei es, sich zügig den Grundwortschatz anzueignen. »Mit den 2000 wichtigsten Wörtern kann man sich sehr gut verständlich machen. Wenn man hingegen 10 000 seltene Wörter einer Fremdsprache lernt, bringt einem das kaum etwas.«

Abgesehen von Lerntechniken habe er wohl auch eine gewisse Begabung, erklärt Vandewalle ohne jedes Eigenlob. Er wolle jedoch nicht behaupten, dass er jede seiner Sprachen immer gleich gut sprechen könne: »Sprachen schlafen manchmal ein. Dann muss man sie eventuell wieder aufwecken.«

186

Eine Frage des Alters?

Eine Gemeinsamkeit haben die meisten Sprachgenies aber durchaus: Fast alle haben bereits vor dem 14. Lebensjahr ihre Liebe für fremde Sprachen entdeckt. Nach neuen Erkenntnissen von Gehirnforschern ist bis etwa zu diesem Zeitpunkt das Hirn noch besonders aufnahmefähig, wenn es darum geht, die Verknüpfungen herzustellen, die dabei helfen, viele Sprachen zu lernen. Andrea Mechelli vom University College in London ist nach eingehenden Untersuchungen der Hirne verschieden sprachbegabter Menschen zu dem Ergebnis gekommen: »Wer in einem höheren Alter eine Sprache lernt, wird nicht so flüssig sprechen wie Leute, die es früher in ihrem Leben gelernt haben.«

Wer 14 oder älter ist, muss deshalb aber keineswegs die Hoffnung aufgeben, dass er Fremdsprachen perfekt beherrschen kann. Die meisten Sprachwissenschaftler stimmen zwar überein, dass es hilfreich ist, eine Fremdsprache möglichst früh zu erlernen. Doch es gibt beim Spracherwerb keine festen Gesetze. Wer früh in Kontakt mit fremden Sprachen kommt, wird deshalb noch lange kein Sprachgenie. So tun sich Einwandererkinder oftmals schwer mit Sprachen. Sie kommen mit der Sprache ihrer Eltern nicht gut zurecht, ebenso wenig aber auch mit der Sprache des Landes, in dem sie leben.

Andererseits gibt es Schriftsteller, die als Erwachsene Fremdsprachen so gründlich gelernt haben, dass sie preisgekrönte Romane in diesen Sprachen verfassen konnten. Der Spanier Jorge Semprún beispielsweise hat viel auf Französisch geschrieben, der Italiener Antonio Tabucchi hat einen Teil seines Werkes auf Portugiesisch verfasst. Und der in Berlin lebende gebürtige Russe Wladimir Kaminer hat es mit seinen auf Deutsch geschriebenen Büchern auf die Bestsellerlisten gebracht.

Es könnte aber durchaus sein, dass eine gewisse im Hirn festgelegte Begabung etwas dazu beiträgt, wenn jemand spielend zum Polyglotten wird. Eine Gruppe von Forschern der Universität Düsseldorf und des Forschungszentrums Jülich hat festgestellt, dass das Gehirn des Sprachgenies Emil Krebs anders aufgebaut ist als das Denkorgan sonstiger Leute. Das Hirn von Krebs, das nach seinem Tod aufbewahrt wurde, ist vor einigen Jahren mit modernen Methoden durchleuchtet worden.

Das Ergebnis: In dem Bereich des Gehirns, der als besonders wichtig für das Sprachvermögen gilt (das sogenannte Broca-Zentrum), hatte Emil Krebs eine andere »Zellarchitektur« als der Durchschnitt der Bevölkerung. Das heißt, die Nervenzellen sind anders miteinander verschaltet. Was einer der Gründe für die besondere Begabung des Chine-

Einige legendäre Sprachgenies:

Name	gebürtig in	Lebensdaten	Zahl der mit großer Sicherheit beherrschten Sprachen
Giuseppe Mezzofanti	Italien	1774–1850	ca. 70
Heinrich Schliemann	Deutschland	1822–1890	ca. 30
Georg Sauerwein	Deutschland	1831–1904	57 (nach einigen Berichten 80)
Emil Krebs	Deutschland	1867–1930	ca. 60 (nach einigen Berichten 90)
Ziad Fazah	Liberia	geb. 1956	58
Kenneth L. Hale	USA	1934–2001	ca. 50
Johan Vandewalle	Belgien	geb. 1960	ca. 35

sisch-Dolmetschers gewesen sein könnte. Ob allerdings der Umkehr-
schluss gilt – wer ein besonderes Broca-Zentrum im Kopf hat, wird
Sprachgenie –, lässt sich nicht sagen.

15. Saubere Gerät einzige mit A trocken oder ein feuchtes Tuch
Oder: Kann man alles übersetzen?

Wer sein Geld damit verdienen will, etwas von einer Sprache in eine andere zu übersetzen, der wird bald von einem italienischen Wortspiel hören: *traduttori – traditori*. Dieses kleine Wortspiel enthält für den angehenden Übersetzer (der hauptsächlich Geschriebenes überträgt) oder Dolmetscher (der sich der gesprochenen Sprache widmet) gleich zwei bittere Botschaften. Wörtlich heißt es: »Übersetzer – Betrüger.« Damit könnte ein Übersetzer wohl noch leben. Das Hauptproblem, das ihm das italienische Wortspiel klarmacht, ist ein anderes: Schon ein solches kleines Wortspiel *lässt sich nicht übersetzen*.

Der Gleichklang der beiden Wörter *traduttori/traditori* ist in keiner anderen Sprache so hübsch hinzubekommen wie im Italienischen. Die eigentliche Aussage des Wortspiels – »Übersetzer und Betrüger sind sich furchtbar ähnlich; so ähnlich, dass man sie manchmal miteinander verwechseln könnte« – lässt sich beim besten Willen nicht angemessen ins Deutsche, Englische oder Russische übertragen.

Zwischen Handwerk und Kunst

Es gibt natürlich auch Aufgaben für Übersetzer, die wesentlich einfacher zu bewältigen sind. Der englische Satz: »Give me the butter, please« lässt sich wunderbar ins Deutsche übertragen. Sogar die berüchtigte Wort-für-Wort-Übersetzung funktioniert in diesem Fall: »Gib mir die Butter, bitte«. Zumindest scheint es so.

Aber so scheint es nur auf den ersten Blick. Denn selbst eine vermeintlich derart simple Übersetzung hat ihre Tücken. Der deutsche Satz »Gib mir die Butter, bitte« könnte einen groben Übersetzungsfehler enthalten. Vielleicht sagt den Satz ja nicht die Mutter zu ihrem Sohn, den sie duzt, sondern es spricht die englische Königin mit dem Premierminister bei einem Arbeitsfrühstück. Dann müsste die Übersetzung natürlich anders lauten: »*Geben Sie* mir die Butter, bitte.«

»Manche meinen, dass es keine schwierigere Aufgabe als die des Übersetzens gibt«, schreibt der britische Sprachwissenschaftler David Crystal. Herzchirurgen oder Astronauten werden bei dieser Behauptung wahrscheinlich die Augenbrauen hochziehen. Sie müssten nach einigem Nachdenken jedoch zugeben, dass Übersetzen und Dolmetschen mitunter eine gewaltige Herausforderung darstellen. Denn es gibt eine ganze Reihe von Fallen, in die selbst der beste Sprachmittler tappen kann. Und manchmal stehen Übersetzer und Dolmetscher vor schier unlösbaren Aufgaben.

Die erste Übersetzungsfalle: Falsches Lesen oder Hören

Wie alle anderen Menschen müssen Übersetzer und Dolmetscher das, was sie in eine andere Sprache übertragen sollen, erst einmal richtig lesen oder hören. Und wie bei allen anderen Menschen auch, klappt das bei den Sprachmittlern nicht immer. So musste sich der deutsche Übersetzer der Harry-Potter-Bücher, Klaus Fritz, beispielsweise folgenden

Fehler vorhalten lassen: Er habe das Wort *mead* mit dem Wort »Fleisch« übertragen, spotteten Harry-Potter-Fans auf einer Internet-Seite, die sich mit nichts anderem beschäftigt als mit Übersetzungsfehlern in den deutschen Versionen der Bücher über den Jung-Zauberer. Richtig gewesen wäre »Honigwein« – wohl doch etwas ganz anderes als Fleisch. Die Erklärung ist einfach: In dem enormen Zeitdruck, unter dem der Harry-Potter-Übersetzer üblicherweise steht, dürfte er wohl *meat* gelesen haben, wo *mead* stand.

Legendär ist die Anekdote aus den Vereinten Nationen, als sich ein Dolmetscher verhörte. Ein afrikanischer Delegierter wollte klarmachen, dass die Staaten des schwarzen Kontinents längst nicht mehr nur auf ihre alten Gottheiten vertrauen, sondern der Zukunft zugewandt sind. Der Politiker sagte: »L'Afrique n'érige plus des autels aux dieux«, was so viel heißt wie: »Afrika errichtet keine Altäre mehr für die Götter.« Der Dolmetscher dachte bei der Lautfolge »o-téll odiöh« aber nicht an die Wörter *autels aux dieux*, ihm kamen folgende Wörter in den Sinn: *hôtels odieux*. Also lautete die Übersetzung: »Afrika baut keine schrecklichen Hotels mehr.«

Die zweite Übersetzungsfalle: Der falsche Zusammenhang

Es kann allerdings auch passieren, dass ein Übersetzer alle Wörter durchaus richtig liest oder versteht – und sie dennoch falsch in eine andere Sprache überträgt, weil er sie in einen falschen Zusammenhang einordnet. Sehr hübsch ist der Fall eines spanischen Romans, in dem geschildert wird, wie zwei Männer morgens in eine Kneipe kommen, wo ein intensiver Geruch nach einem besonderen Getränk in der Luft liegt. Im spanischen Original ist von *manzanilla* die Rede. Der Übersetzer entschied sich für die erste Variante, die spanisch-deutsche Wörterbücher in diesem Fall auflisten: Kamillentee.

Doch in der Kneipe roch es in Wirklichkeit intensiv nach Alkohol. Denn am Vorabend war ein ganz anderes Getränk in großen Mengen bestellt worden, das im Spanischen ebenfalls *manzanilla* heißt: eine andalusische Weinspezialität. Ein Übersetzer, der gerne spanische Weine trinkt, wäre vielleicht nicht in diese Falle getappt. Einer, der seltener dem Alkohol zuspricht, hatte es schwerer, das richtige Wort zu treffen.

Wenn Wörter in verschiedenen Zusammenhängen ganz verschiedene Bedeutungen haben, kann das noch weit folgenreichere Übersetzungsfehler nach sich ziehen. Im Jahr 1999 erteilte das Europäische Patentamt in München ein Patent für eine Technik, mit der Tiere geklont werden können. In der deutschen Version des Patents ist die Rede von einem »Verfahren zur Herstellung eines transgenen Tieres«. In der englischen Version heißt es »… *a transgenic animal*«.

Dabei hatte der Übersetzungsdienst des Europäischen Patentamtes eines übersehen: Im wissenschaftlichen Sprachgebrauch ist auf Englisch auch der Mensch ein *animal*. Somit hatte das Amt in der englischen Version aus Versehen ein Patent auf das Klonen von Menschen erteilt. Der Protest war groß, das Patentamt entschuldigte sich, das Patent wurde in dieser Hinsicht später wieder eingeschränkt. Und der zuständige Übersetzer wird eines wohl für den Rest seines Lebens nicht vergessen: Im Wissenschafts-Englisch ist es besser, von einem *non-human animal* zu reden, wenn wirklich nur ein Tier gemeint sein soll.

Die dritte Übersetzungsfalle: falsche Freunde

Besonders gefürchtet unter Dolmetschern und Übersetzern ist eine weitere Falle: die falschen Freunde. So nennen Sprachwissenschaftler Wörter, die in zwei Sprachen ähnlich oder sogar identisch aussehen beziehungsweise klingen – aber keineswegs die gleiche Bedeutung haben. Manche falschen Freunde sind so bekannt, dass sie keine wirkliche Gefahr für Sprachprofis darstellen. Wer etwas besser Englisch kann, weiß sehr gut, dass *become* nichts mit »bekommen« zu tun hat. Doch es kommt immer wieder vor, dass *billion* mit »Billion« übersetzt wird, obwohl es »Milliarde« heißt; dass *mill* mit »Mühle« übersetzt wird, obwohl es meistens für »Fabrik« steht; oder dass *silicon* ins Deutsche mit »Silikon« übertragen wird, obwohl das Wort korrekterweise mit »Silizium« zu übersetzen ist.

Falsche Freunde gibt es zwischen den verschiedensten Sprachen – und sie bilden manchmal recht unterhaltsame Begriffspaare, wie man der folgenden Tabelle entnehmen kann:

Falscher Freund	Naheliegende deutsche Bedeutung	Bedeutet tatsächlich aber (meistens)	Naheliegendes deutsches Wort wird übersetzt mit
act (engl.)	Akte	Gesetz	file
actually (engl.)	aktuell	tatsächlich	up to date
also (engl.)	also	auch	thus
art (engl.)	Art	Kunst	kind
backside (engl.)	Rückseite	Hintern	back
briefcase (engl.)	Briefkasten	Aktentasche	letterbox, mailbox
billion (engl.)	Billion	Milliarde	trillion
blitz (engl.)	Blitz	Blitzkrieg	lightning, flash
bombero (span.)	Bomber	Feuerwehrmann	bombardero
brave (engl.)	brav	tapfer	good; well-behaved
brutaal (holländ.)	brutal	frech	bruut
caldo (ital.)	kalt	warm, heiß	freddo
closet (engl.)	Klo (Klosett)	Wandschrank	toilet, bathroom
concorso (ital.)	Konkurs	Wettbewerb	fallimento
cigarrillo (span.)	Zigarillo	Zigarette	purito
critic (engl.)	Kritik	Kritiker	criticism
deftig (holländ.)	deftig	vornehm	stevig
dome (engl.)	Dom	Kuppel	cathedral
état (franz.)	Etat (Haushalt)	Staat	budget
fabric (engl.)	Fabrik	Gewebe, Stoff	factory
gift (engl.)	Gift	Geschenk	poison
godfather (engl.)	Gottvater	Pate	God the Father
gymnasium (engl.)	Gymnasium	Turnhalle	grammar school/high school
hymn (engl.)	(National-) Hymne	Kirchenlied	national anthem

Falscher Freund	Naheliegende deutsche Bedeutung	Bedeutet tatsächlich aber (meistens)	Naheliegendes deutsches Wort wird übersetzt mit
irritar (span.)	irritieren (verwirren)	ärgern	desconcertar
kleinkind (holländ.)	Kleinkind	Enkelkind	kleuter, peuter
manta (span.)	Mantel	Decke	abrigo
murder (engl.)	Mörder	Mord	murderer
overhear (engl.)	überhören	zufällig hören	miss, ignore
partout (franz.)	partout (unbedingt)	überall	en tout cas
physician (engl.)	Physiker	Arzt	physicist
quartier (franz.)	Quartier (Unterkunft)	Stadtviertel	logement
ratón (span.)	Ratte	Maus	rata
régisseur (franz.)	Regisseur	Gutsverwalter, Inspektor	metteur en scène, réalisateur
sacco (ital.)	Sakko	Sack	giacca
sea (engl.)	See	Meer	lake
sensible (engl.)	sensibel	vernünftig	sensitive
silicon	Silikon	Silizium	silicone, polysiloxane
smoking (engl.)	Smoking	rauchend	tuxedo, dinner jacket
spender (engl.)	Spender	Prasser	donor
spleen (engl.)	Spleen	schlechte Laune	quirk
stool (engl.)	Stuhl	Hocker	chair
strand (engl.)	Strand	Faser	beach
sympathetic (engl.)	sympathisch	verständnisvoll	likeable

Falscher Freund	Naheliegende deutsche Bedeutung	Bedeutet tatsächlich aber (meistens)	Naheliegendes deutsches Wort wird übersetzt mit
undertaker (engl.)	Unternehmer	Bestatter	entrepreneur
visage (franz.)	Visage	Gesicht	gueule
zee (holländ.)	See	Meer	meer

Falsche Freunde können aber nicht nur durch Ähnlichkeiten zwischen Muttersprache und Fremdsprache entstehen, sondern auch durch Ähnlichkeiten zwischen zwei Fremdsprachen. So könnte jemand im Spanischkurs lernen, dass *besar* so viel heißt wie »küssen«. Wenn er später das französische Wort *baiser* kennenlernt, wird er feststellen, dass es fast genauso klingt wie *besar*. Also könnte er meinen, dass es ebenfalls bedeutet, dass man die Lippen aufeinanderdrückt (und vielleicht als Fortgeschrittener noch die Zunge ins Spiel bringt). So steht es auch in alten Wörterbüchern. Doch seit vielen Jahren wird in Frankreich das Verb *baiser* üblicherweise nur dann verwendet, wenn die Sache wesentlich weiter geht. Sprich: Wenn ein Spanier zu einer Frau sagt *»bésame«* – und sie tut es (und nicht mehr!), dann kann sie *nicht* schwanger werden. Wenn ein Franzose zu einer Frau sagt *»baise-moi«* – und sie tut es, dann kann sie hinterher durchaus schwanger sein.

Die vierte Übersetzungsfalle: Nicht-Übersetzung

Neben falschen Übersetzungen gibt es noch einen weiteren Übersetzungsfehler, der an sich nicht schwerwiegend ist, dafür aber besonders häufig. Vor allem aus dem Englischen werden ständig Wörter oder Redewendungen auf eine Weise ins Deutsche übertragen, dass man nicht wirklich von einer Übersetzung reden kann: Sie werden einfach mehr oder weniger so belassen, wie sie in der Originalsprache sind.

So gehört es zu den Lieblingsgewohnheiten von Journalisten, die amerikanische Regierung als »Administration« zu bezeichnen. Fast immer wird dabei der Name des jeweiligen Präsidenten vorangestellt: die Clinton-Administration, die Bush-Administration usw. Es gibt zwar auch im Deutschen das Wort »Administration«. In Berlin, Wien oder Bern bedeutet es jedoch nicht »Regierung«, sondern »Verwaltung«. Und kein Deutscher käme auf die Idee, von der »Schröder-Administration« oder der »Merkel-Administration« zu reden.

Manche Journalisten verteidigen ihre Nicht-Übersetzungen mit dem Argument, die Regierung in den USA sei anders aufgebaut, deswegen müsse man sie anders bezeichnen. Das erklärt allerdings eines nicht: Es lassen sich Dutzende Zeitungsartikel finden, in denen Journalisten von der Bush-Administration *und* der Bush-Regierung schreiben – abwechselnd, weil Abwechslung ja zum guten Stil gehört.

Noch weiter verbreitet bei den Nicht-Übersetzungen sind bestimmte typisch englisch/amerikanische Wortfolgen, die in den Synchronisationen von Spielfilmen und Fernsehserien ständig zu hören sind. Manchmal zum Beispiel beginnen Schauspieler im Minutentakt ihre Sätze mit den Wörtern: »Es ist nur, dass…« Deutsche, Österreicher oder Schweizer würden an der gleichen Stelle wohl meistens sagen: »Na ja« oder »Also…« – oder ähnliche Wörter, die man im Deutschen verwendet, um Nachdenkpausen zu füllen. Doch im englischen Drehbuch steht *»It's just…«* – und das lässt sich ohne großes Nachdenken wörtlich übersetzen mit: »Es ist nur, dass…« Und so geht es dann über den Fernsehsender.

Ebenso beliebt bei der Übersetzung englischer und amerikanischer Drehbücher ist die Wortfolge »Oh mein Gott«. Auch hier gilt: Deutsche oder Österreicher würden in einer Situation, in der ein Amerikaner *»oh my god«* sagt, üblicherweise ganz andere Wörter verwenden: »Oje« beispielsweise oder »Um Himmels willen«, vielleicht auch »Na, so was!« oder »Ach nein!« Aber die wörtliche Übersetzung geht eben schneller.

Die fünfte Übersetzungsfalle: Wortspiele und Andeutungen

Besonders heikel wird die Aufgabe des Übersetzers, wenn er das Spiel mit Worten aus einer Sprache in eine andere übertragen soll. Denn es gelingt fast nie, den wörtlichen Sinn eines Sprachspiels zu übersetzen – und auch das Spiel mit Bedeutungen, Anspielungen oder Klängen, das dahintersteckt, passend nachzudichten.

Schon der Name von Comicfiguren kann da eine Herausforderung sein. Die reichste Ente der Welt heißt im amerikanischen Original Scrooge McDuck. Der Name »Scrooge« bedeutet auf Deutsch wörtlich »Geizhals«. Der Nachname »McDuck« weist auf die schottischen Vorfahren hin – Schotten gelten ja gemeinhin als geizig. Außerdem erkannten im Jahr 1947, als der Onkel von Donald Duck das erste Mal in einem Comicstrip auftauchte, zumindest im englischsprachigen Raum viele Leser eine Anspielung auf »Ebenezer Scrooge«. So taufte der britische Schriftsteller Charles Dickens einen Geizkragen in seiner Erzählung »A Christmas Carol«.

Nur: Wie soll man diesen Namen mit all seinen Anspielungen ins Deutsche übertragen? Die Übersetzer der Duck-Comics entschieden sich dafür, einen Namen zu wählen, der vom Klang her gut zum Neffen Donald und auch zum Nachnamen Duck passt und der nach einem alten Mann klingt – und kamen auf Dagobert. Die meisten deutschen Leser dürften mit dieser Entscheidung zufrieden gewesen sein, auch wenn im Namen »Dagobert« keine einzige Anspielung steckt.

In Frankreich hat man sich dafür entschieden, einen etwas altertümlichen Vornamen (Balthazar) mit einem nach Geiz klingenden Nachnamen zu kombinieren: Picsou hat Ähnlichkeit mit *grippe-sou*, was so viel heißt wie »Pfennigfuchser«. Die italienischen Übersetzer haben darauf geachtet, dass möglichst viele Familienmitglieder nach dem Wort *papero* (Gänserich) klingen. Das ist bemerkenswert, da es doch um eine Entenfamilie geht. Jedenfalls heißt die Duck-Sippe in Italien: Donald – Paperino, Daisy – Paperina, Dagobert – Paperon de Paperoni etc.

Besonders schwierig wird es, wenn ganze Passagen eines Buches aus Wortspielen bestehen. Ein Beispiel dafür ist ein Roman des kubanischen Schriftstellers Guillermo Cabrera Infante. Schon der Titel seines Buches *Tres tristes tigres* lässt sich kaum angemessen übertragen. Denn im Spanischen ist diese Wortfolge ein beliebter Zungenbrecher, wie z. B. im Deutschen »Fischers Fritz fischt frische Fische«. Gleichzeitig schildert der Roman die Erlebnisse dreier streckenweise etwas deprimierter Männer – »drei trauriger Tiger« eben, wie das spanische Wortspiel wörtlich zu übersetzen ist.

Einer dieser Männer hat das Hobby, ständig mit den Einzelteilen der Sprache zu jonglieren. So stellt er gerne Listen von Wörtern auf, die man von hinten ebenso lesen kann wie von vorne. Der Übersetzer, der den gleichen Effekt im Deutschen erzielen will, darf selbstverständlich nicht den Wort*sinn* übersetzen, sondern er muss sich etwas ganz anderes überlegen. Womit wiederum die wörtliche Bedeutung des Ausgangstextes komplett verloren geht – eine vertrackte Situation. Der deutsche Übersetzer Wilfried Böhringer hat sich dafür entschieden, eine eigene Liste solcher Wörter aufzustellen. Und er hatte offenbar so viel Spaß dabei, dass die deutsche Wortspielliste sogar länger ausfällt als das Original:

spanisches Original	wörtliche Übersetzung	Lösung des deutschen Übersetzers
Ana	Anna	Neffen
ojo	Auge	Uhu (OHO wäre noch besser)
non	ungerade	Radar
anilina	Anilin	Rentner
eje (todo gira sobre él)	Achse (alles dreht sich darum)	rar (das seltenste)
radar	Radar	Gag (das witzigste)
ananá (su fruta favorita)	Ananas (sein Lieblingsobst)	Kajak
sos y	SOS und	stets
gag (la más feliz)	Gag (die Glücklichste)	Rotor (der orthographische Drehwurm)
		SOS/Retter (die konzentrischen)
		tot (das letzte im Alphabet des Lebens)

Manchmal ist es aber besser, wenn Übersetzer Wortspiele oder Filmtitel, die voller Anspielungen stecken, unübersetzt im Original stehen lassen. So kam vor etlichen Jahren ein französischer Film in die deutschen Kinos, der das Leben arabischstämmiger Jugendlicher in Frankreich schilderte. In einer Szene des Films soll ein Schüler im Unterricht das »Theorem des Archimedes« an die Tafel schreiben, im Französischen: »Le théorème d'Archimede«. Der Schüler steht mit Naturwissenschaften allerdings auf dem Kriegsfuß. Er schreibt deshalb das auf die Tafel, was er hört: »Le thé au harem d'Archimede«, was so viel heißt wie: »Der Tee im Harem des Archimedes«. In Deutschland kam der Film mit diesem Titel in die Kinos. Nur ging dabei der Klang und damit die Vieldeutigkeit des französischen Originaltitels leider restlos verloren.

Den einfacheren und wahrscheinlich sinnvolleren Weg ist die Filmbranche gegangen, als ein Streifen des amerikanischen Regisseurs Michael Moore in die internationalen Kinos kam. Der Film, der auch einen Oscar gewonnen hat, trägt den Titel »Fahrenheit 9/11«. Darin steckt gleich eine ganze Kette von Anspielungen. Michael Moore greift ein Buch aus den 60er-Jahren auf, das auch verfilmt wurde: »Fahrenheit 451«. Der Autor Ray Bradbury schilderte darin eine diktatorische Gesellschaft, in der Lesen verboten ist. Der Titel gibt in der amerikanischen Maßeinheit »Fahrenheit« die Temperatur an, bei der Papier verbrennt – also der Stoff, aus dem Bücher sind. Michael Moore hat in seinem Film diese Warnung vor politischer Unfreiheit aufgegriffen und sie durch die amerikanische Schreibweise des Datums der Terroranschläge auf das New Yorker World Trade Center vom 11. 09. 2001 ergänzt: 9/11. »Fahrenheit 9/11« gibt daher »die Temperatur an, bei der die Freiheit verbrennt«, sagt Michael Moore.

Was sollte nun ein Übersetzer tun, um den Filmtitel ins Deutsche zu übertragen? Den amerikanischen Titel verstehen kann eigentlich nur, wer bei Temperaturangaben in »Fahrenheit« denkt und nicht in »Celsius« und außerdem das Buch »Fahrenheit 451« zumindest vom Hörensagen kennt – wer also in der Lage ist, alle Gedankengänge und Anspielungen des Regisseurs spontan nachzuvollziehen. Das wiederum heißt: Viele Zuschauer vor allem in Europa hatten keine Chance, mit dem amerikanischen Filmtitel etwas anzufangen. Andererseits war eine Übersetzung, die genauso kurz ist und ähnliche Anspielungen enthält, undenkbar. So kamen der Film und das zugehörige Buch »Fahrenheit 9/11« mit dem amerikanischen Originaltitel auf den europäischen Markt. Und bescherten dem hiesigen Publikum eine Denksportaufgabe.

Die sechste Übersetzungsfalle: Stolpern auf dem Weg von einem Kulturkreis zum andern

Die am schwierigsten zu entdeckende Übersetzungsfalle tut sich dann auf, wenn ein Begriff übertragen werden soll, bei dem die Menschen in einem Land eine ganz bestimmte Vorstellung haben – in einem anderen Land aber eine andere. »Es ist falsch zu glauben, dass der Spanier das Gleiche *bosque* nennt, was der Deutsche *Wald* nennt«, schreibt der spanische Schriftsteller José Ortega y Gasset. Er meint damit, dass ein Spanier bei *bosque* beispielsweise an eine lichte Ansammlung von Pinien denkt, die auf Berghängen wachsen, während ein Deutscher wohl eine Mischung aus Fichten, Kiefern und Laubbäumen vor Augen hat, die in einem Tal ebenso stehen können wie an einem Berghang oder auf einer Ebene.

Unter Japanisch-Übersetzern gibt es einige, die der Ansicht sind, dass sich das japanische Wort *o-furo* eigentlich nicht in eine Fremdsprache übertragen lasse. Und das, obwohl in den Wörterbüchern dafür eine klare Übersetzung steht: »Bad«. Doch im japanischen *o-furo* sieht die Körperpflege ganz anders aus als in einem europäischen oder amerikanischen Bad. Zuerst reinigt man sich im Sitzen gründlich mit Seife, um dann in eine heiße Wanne zu steigen, in der man sich entspannt. Etwas wie die europäische Dusche oder eine Wanne, in die man noch schmutzig und verschwitzt steigt, hat in einem *o-furo* nichts zu suchen. Wenn man das weiß, kann man tatsächlich berechtigte Zweifel haben, ob »Bad« die richtige Übersetzung für *o-furo* ist.

Die Schwierigkeiten, japanische Begriffe angemessen ins Deutsche zu übertragen, haben nach Ansicht mancher Übersetzer sogar mit dazu beigetragen, dass am Ende des Zweiten Weltkriegs die Städte Hiroshima und Nagasaki durch Atombomben ausgelöscht wurden. Die westlichen Alliierten unter Führung der USA hatten 1945 das japanische Militär aufgefordert, seine bedingungslose Niederlage zu erklären. Die Erwiderung der Japaner enthielt als Schlüsselwort den Begriff *mokusatsu*. Der wurde ins Englische mit *ignore* übersetzt – es hatte den Anschein, dass dem japanischen Militär die Aufforderung zur Kapitulation egal sei.

Mokusatsu kann allerdings auch eine ganz andere Qualität haben als das englische *ignore* oder das deutsche »ignorieren«. Es kann bedeuten, dass jemand in einer Verhandlung sozusagen die Zeit anhält. Der amerikanische Ostasienspezialist Boye Lafayette De Mente hält *mokusatsu* für eine Verhandlungstaktik, mit der Westler einfach nicht zurechtkommen, weil sie es gewohnt sind, dass man immer irgendwie weitermacht, weiterdiskutiert. Während Japaner sich manchmal aus Verhandlungen geistig ausklinken und erst einmal schauen, was passiert.

Es gibt einige Theorien, wonach die Atombomben-Abwürfe auf Hiroshima und Nagasaki hätten verhindert werden können, wenn die Politiker der USA das Wort *mokusatsu* in der ganzen Breite seiner Bedeutungen übersetzt bekommen hätten. Die Mehrheit der Historiker ist jedoch der Ansicht, dass das japanische Militär so oder so den Krieg erst einmal weiterführen wollte. Das würde bedeuten, dass die USA als Reaktion darauf die Atombomben so oder so eingesetzt hätten.

Die Lösung der Übersetzungsprobleme: Toleranz und Vielfalt

Die Fallen, in die Sprachmittler tappen können, sind also zahlreich. Diese Erkenntnis ist besonders bitter, wenn man weiß, dass die meisten Dolmetscher und vor allem die literarischen Übersetzer ausgesprochen

204

schlecht bezahlt werden. Aber es gibt zwei Rezepte, die helfen, mit den Unzulänglichkeiten des Übersetzens zu leben. Erstens: Man muss tolerant gegenüber Fehlern sein. Und zweitens: Man muss erkennen, dass eine große Vielfalt von Möglichkeiten existiert, wenn ein Text von einer Sprache in eine andere Sprache übertragen wird.

Eine Reihe von Übersetzungen eines Gedichtanfangs von William Shakespeare (1564–1616) gibt einen kleinen Eindruck, wie unterschiedlich die Übertragung ein und desselben Textes ausfallen kann. Das Sonnett Nr. XVIII gilt manchen als das schönste Liebesgedicht aller Zeiten. Hier sind die ersten vier Zeilen in fünf Übersetzungen:

Shakespeare-Original	Deutsche Übersetzung	Übersetzt von
Shall I compare thee to a summer's day?	Soll ich dich einem Sommertag vergleichen?	Gottlob Regis
	Soll ich dich einem Sommertag vergleichen?	Therese Robinson
	Soll ich dich einem Sommertag vergleichen?	Eduard Sänger
	Soll ich denn einen Sommertag dich nennen,	Karl Kraus
	Soll ich vergleichen einem sommertage	Stefan George
Thou art more lovely and more temperate	Anmutiger, gemäßigter bist du.	Gottlob Regis
	Der du viel lieblicher und sanfter bist?	Therese Robinson
	Holdseliger und milder noch bist du:	Eduard Sänger
	dich, der an Herrlichkeit ihn überglänzt?	Karl Kraus

Shakespeare-Original	Deutsche Übersetzung	Übersetzt von
	Dich der du lieblicher und milder bist?	Stefan George
Rough winds do shake the darling buds of May,	Des Maies Lieblinge jagt Sturmwind von den Zweigen,	Gottlob Regis
	Durch Maienblüten rauhe Winde streichen,	Therese Robinson
	Durch Maienknöspchen raue Winde streichen,	Eduard Sänger
	Dem Mai will Sturm die Blütenpracht nicht gönnen,	Karl Kraus
	Des maien teure knospen drehn im schlage	Stefan George
And summer's lease hath all too short a date:	Und nur zu früh gehn Sommers Pforten zu.	Gottlob Regis
	Und Sommers Pracht hat allzu kurze Frist.	Therese Robinson
	Des Sommers Frist geht raschem Ende zu.	Eduard Sänger
	Und Sommers Herrschaft ist so eng begrenzt.	Karl Kraus
	Des sturms und allzu kurz ist sommers frist.	Stefan George

Helfer fürs Grobe: Übersetzungsprogramme

Schon im 18. Jahrhundert gab es Pläne, Übersetzungen von Maschinen vornehmen zu lassen. Es dauerte allerdings eine ganze Zeit, bis man bei diesen Plänen vorankam. Als nach dem Zweiten Weltkrieg die ersten

Computer entwickelt wurden, herrschte zeitweise eine geradezu euphorische Aufbruchsstimmung unter den Fachleuten für Maschinenübersetzung. Es zeigte sich aber bald, dass auch die ehrgeizigsten Projekte unter den frühen Übersetzungsprogrammen kaum etwas anderes waren als elektronische Wörterbücher. Für einen Begriff aus einer Sprache hat der Rechner jeweils eine Entsprechung aus einer anderen Sprache gesucht.

Doch schon ein simples Wort wie »Wasser« kann ganz Unterschiedliches bedeuten – je nachdem, in welche anderen Wörter es eingebettet ist. Wer vom »Wasser trinken« spricht, meint einen anderen Stoff als der, der vom »Wasser lassen« redet. Und wer vom »zu Wasser lassen« spricht, meint wieder etwas anderes. Ein Übersetzungscomputer muss also in der Lage sein, nicht nur einzelne Wörter korrekt zu übertragen. Er muss auch die nähere und weitere Umgebung jedes einzelnen Wortes abtasten, um den Zusammenhang zu erkennen, in dem ein Wort steht. Doch damit taten sich die Rechner und vor allem ihre Programmierer von Anfang an sehr, sehr schwer. Auch nach jahrzehntelanger Arbeit haben selbst anspruchsvolle Programme bei Tests regelmäßig wenig überzeugende Ergebnisse gebracht. Ende der 90er-Jahre ließen Forscher der Universität Saarbrücken folgenden englischen Satz von Computerprogrammen ins Deutsche übersetzen. Es ging um einen Ausschnitt aus einer typischen Gebrauchsanweisung für ein Haushaltsgerät:

»Clean appliance only with a dry or moist cloth, making sure that you pull the mains plug first without fail.«

Die Übersetzungsvorschläge der Computerprogramme waren vor allem eines – komisch:

Vorschlag 1) »Saubere Gerät einzige mit A trocken oder ein feuchtes Tuch vergewissert daß Sie den Netzstecker zuerst unbedingt.«

Vorschlag 2) »Reinigen Sie Gerät nur mit ein trocken oder ein feuchtes Tuch, das sich vergewissert, daß Sie aus dem Netzstecker zuerst ohne Fehlschlag fahren.«

Doch die Sprachforscher hatten auch eine beruhigende Erkenntnis: Wenn man längere Formulierungen in mehrere Teile zerlegt und dem Computer einfache Sätze serviert, dann kapiert er besser, worum es geht:

»Clean appliance only with a dry or moist cloth. Make sure that you pull out the mains plug first.«

Übersetzung: »Reinigen Sie das Gerät nur mit einem trockenen oder feuchten Tuch. Vergewissern Sie sich, daß Sie zuerst den Netzstecker herausziehen.«*

Und die Computerfachleute sind zuversichtlich, ihre Programme immer besser darauf trimmen zu können, dass sie eines erkennen: Wörter können in unterschiedlichen Zusammenhängen unterschiedliche Dinge bedeuten; Wörter brauchen je nach Zusammenhang oftmals unterschiedliche Endungen – und so weiter. Vor allem bei einfachen technischen Texten liefern Rechner inzwischen recht ordentliche sogenannte Rohübersetzungen.

Doch eine Grundeigenschaft der menschlichen Sprache wird jeden Computer immer überfordern: Je nachdem, wie ein Mensch seinen Wortschatz zusammensetzt, kann er unendlich viele verschiedene Sätze konstruieren. Denn der Mensch hat Vorstellungen und Begriffe in seinem Hirn, in seinem Innern. Er hat ein Bewusstsein, und die Sprache hilft ihm, dieses Bewusstsein nach außen zu tragen. Und das ist etwas, wovor auch der rechenstärkste Computer immer kapitulieren muss – weil er kein Bewusstsein hat und auch nie haben wird.

* (Quelle: Pfeiffer, Sabine: Untersuchung der PC-basierten Übersetzung am Beispiel des T1 von Langenscheidt und Personal Translator Plus.)

Der Traum vom Universalübersetzer ist ausgeträumt

So wird es wohl auch nie den fabelhaften Apparat geben, mit dem das Raumschiff Enterprise ausgestattet war, als es in den 60er-Jahren im Fernsehen seine ersten Reisen durch die unendlichen Weiten des Weltraums antrat. Der »Universalübersetzer«, der zwischen allen intelligenten Lebensformen dolmetschen kann (selbst wenn sie sich vorher nie begegnet sind!), wird immer ein Wunschtraum bleiben.

Ebenso ein Traum bleiben wird der »Babelfisch«, den sich der Science-Fiction-Autor Douglas Adams für sein Buch »Per Anhalter durch die Galaxis« ausgedacht hat. Diesen kleinen Fisch kann man sich ins Ohr setzen – und schon passiert Folgendes: »Der praktische Nutzeffekt der Sache ist, dass man mit einem Babelfisch im Ohr augenblicklich alles versteht, was einem in irgendeiner Sprache gesagt wird. Die Sprachmuster, die man hört, werden durch die Gehirnstrommatrix entschlüsselt, die einem der Babelfisch ins Gehirn eingegeben hat.«

Immerhin gibt es ein amerikanisches Computerprogramm namens »Babelfish«, es steht im Internet sogar kostenlos zur Verfügung. Dieses Programm der Firma Altavista hilft wenigstens dabei, einzelne Wörter und kurze Sätze in andere Sprachen zu übersetzen. Das Ergebnis ist allerdings auch hier oftmals vor allem komisch. Der Satz, mit dem Wissenschaftler der Uni Saarbrücken schon vor einigen Jahren Übersetzungsprogramme getestet haben, liest sich in der Babelfish-Übersetzung im Jahr 2006 so:

»Säubern Sie Gerät nur mit einem trockenem, oder das feuchte Tuch, überprüfend, ob Sie ziehen, die Hauptleitungen verstopfen zuerst ohne Ausfallen.«

Auch die vereinfachte Version stellt das Babelfish-Programm vor beträchtliche Probleme:

»Säubern Sie Gerät nur mit einem trockenen oder feuchten Tuch. Überprüfen Sie, ob Sie die Hauptleitungen verstopfen zuerst auszuziehen.«

Menschliche Übersetzer und Dolmetscher dürfen sich also wohl in einer Hinsicht in Sicherheit wiegen: Man wird sie niemals durch Maschinen ersetzen können. Vor allem dann nicht, wenn es darum geht, etwas wirklich Anspruchsvolles zu übersetzen, Literatur zum Beispiel. Die Gedichtzeilen von William Shakespeare, die weiter vorn im Text als englisches Original zu lesen sind, klingen in der Babelfish-Übersetzung so:

Soll ich thee mit dem Tag eines Sommers vergleichen?
Die reizendere und mäßigere Thoukunst
rauhe Winde rütteln die suessen Knospen von kann
und hath Miete des Sommers ein alles zu kurzes Datum

Interessante Internet-Adressen:

Babelfisch-Übersetzungsprogramm der Firma Altavista:
http://world.altavista.com/

Online-Wörterbuch Englisch, Französisch und Spanisch der Technischen Universität München:
http://www.leo.org

Online-Wörterbuch Englisch der Technischen Universität Chemnitz:
http://dict.tu-chemnitz.de

Private Sammlung verschiedener Englisch-Wörterbücher:
http://onelook.com

Von Spanisch-Experten zusammengestelltes Online-Wörterbuch
Spanisch:
http://dix.osola.com

Privates Online-Wörterbuch Italienisch:
http://www.italdict.de/exec

Private Homepage zu falschen Freunden und falschen Übersetzungen:
http://www.uebersetzungsfallen.de

»Auflösung«
der Jugendsprachliste von Seite 147:

Dieses Wort…	bedeutet	tritt besonders stark auf ab
auf etwas abfahren	etwas hervorragend finden	1970er-Jahre
abgefuckt	sehr schlecht, heruntergekommen	1980er-Jahre
abhotten	tanzen	1980er-Jahre
abkacken	zugrunde gehen, kaputtgehen, scheitern	1980er-Jahre
abschminken	aufgeben	1980er-Jahre
affengeil	hervorragend	1980er-Jahre
voll Aldi	billig, mit wenig Prestige	1990er-Jahre
alken	trinken	1980er-Jahre
anmachen	flirten mit jemandem, aber auch beschimpfen	1970er-Jahre
Arschgeweih	Tätowierung auf dem Steißbein	Jahrtausendwende
asslig	heruntergekommen	1990er-Jahre
antörnen/abtörnen	begeistern, enttäuschen	1980er-Jahre
aufreißen	jemanden so für sich begeistern, dass er/sie im Zweifelsfall mit nach Hause kommt	1980er-Jahre
ausflippen	die Kontrolle über sich verlieren (positiv wie negativ)	1970er-Jahre
bedröhnt	betrunken, unter Drogen	1980er-Jahre

Dieses Wort...	bedeutet	tritt besonders stark auf ab
beölen, sich	laut lachen	1980er-Jahre
blümeln	knutschen	1990er-Jahre
Bock (haben)	Lust haben	1970er-Jahre
breit	betrunken, unter Drogen	1980er-Jahre
Breitbandnudel	übergewichtige Person	1990er-Jahre
checken	verstehen	1970er-Jahre
chillen	ausruhen	1990er-Jahre
cremig	gelassen, entspannt	Jahrtausendwende
Dinos	Eltern	1980er-Jahre
dissen	jemanden beschimpfen	Jahrtausendwende
Diplom-Alker	jemand, der viel trinkt	1990er-Jahre
Dröhnung	Alkohol, Drogen	1980er-Jahre
elefantös	hervorragend	1980er-Jahre
Ellies	Eltern	1990er-Jahre
Fete	Fest, Party	1970er-Jahre
fett (phat)	hervorragend	Jahrtausendwende
fetzen (das fetzt)	begeistern	1970er-Jahre
Fleischmütze	Glatze	1990er-Jahre
Fluppe	Zigarette	1980er-Jahre
Freak	jemand mit auffälligem Äußeren oder jemand, der sich mit etwas besonders intensiv beschäftigt: Computerfreak	1970er-Jahre
Fresshöhle	Mund	1980er-Jahre
Gaystation	Schwulentreff	1990er-Jahre
grell	hervorragend, außergewöhnlich	1980er-Jahre
Grinsblech	jemand, der viel grinst	1990er-Jahre

Dieses Wort…	bedeutet	tritt besonders stark auf ab
Grufti	Erwachsener	1980er-Jahre
harzen	(weiche Drogen) rauchen	1990er-Jahre
hotten	tanzen	1980er-Jahre
Intelligenzallergiker	Dummkopf	1990er-Jahre
Katonga	hässliches Mädchen	1980er-Jahre
keilen	gleichbedeutend mit »aufreißen«	1980er-Jahre
Knödelfriedhof	übergewichtige Person	1990er-Jahre
keimig	eklig, ungepflegt	1990er-Jahre
Komposti	älterer Mensch/Erwachsener	1990er-Jahre
Lacko	eingebildeter Kerl	1990er-Jahre
ist mir doch latte	ist mir egal	1990er-Jahre
Lernfossil	Lehrer	1990er-Jahre
Lulle	Zigarette	1980er-Jahre
Lungenbrötchen	Zigarette	1980er-Jahre
Mollie	Molotowcocktail, Brandsatz	1970er-Jahre
naffeln	langweilen	1980er-Jahre
Nebenchecker	Nachbar	1990er-Jahre
null Bock	keine Lust	1970er-Jahre
oberaffengeil	hervorragend	1980er-Jahre
ölen	schwitzen	Jahrtausendwende
voll optisch	gut aussehend	1990er-Jahre
auf die Piste gehen	tanzen gehen	1980er-Jahre
Plattenpräsident	DJ	1990er-Jahre
poppen	Geschlechtsverkehr haben	1990er-Jahre
rumlöffeln	sich küssen	1990er-Jahre
rumsülzen	zu viel reden, Unsinn reden	1980er-Jahre
saugen	downloaden	1990er-Jahre

Dieses Wort…	bedeutet	tritt besonders stark auf ab
Schlürfbude	Fast-Food-Restaurant	1980er-Jahre
stoned	unter Drogen	1970er-Jahre
strack	betrunken	1980er-Jahre
sullen	auf die Straße spucken	1990er-Jahre
tierisch	sehr	1970er-Jahre
tilt (du tiltst wohl)	die Kontrolle über sich verlieren	1980er-Jahre
Torte	feste Freundin	1980er-Jahre
Tussi	Mädchen, Frau	1980er-Jahre
Trulla	Mädchen, Frau	1980er-Jahre
ungeil	schlecht	1980er-Jahre
unsten	sehr	Jahrtausendwende
vierlagig	sehr	Jahrtausendwende
wacken	feiern, weiche Drogen rauchen	Jahrtausendwende
Würfelhusten	Erbrechen	1990er-Jahre
Zappelbunker	Diskothek	1990er-Jahre

Literatur

Aitchison, Jean: Language Change. New York: Universe Books 1985.

Androutsopoulos, Jannis K./Scholz, Arno (Hrsg.): Jugendsprache. Linguistische und soziolinguistische Perspektiven. Frankfurt am Main u.a.: Peter Lang 1998.

Baumann, Peter/Kaiser, Dieter: Die Sprache der Tiere. Stuttgart: Deutsche Verlags-Anstalt 1992.

Becker, Monika: Die Loi relative à l'emploi de la langue française vom 4. August 1994. Frankfurt am Main u.a.: Peter Lang 2004.

Beneke, Jürgen: Die Stadtsprache Berlins im Denken und Handeln Jugendlicher. Berlin (Ost): Akademie der Wissenschaften der DDR 1989.

Beutelspacher, Albrecht: Geheimsprachen. Geschichte und Techniken. München: Beck ³2002.

Bichakjian, Bernard H.: Language in a Darwinian Perspective. Frankfurt am Main u.a.: Peter Lang 2002.

Bickerton, Derek: Language and Species. Chicago u.a.: University of Chicago Press 1990.

Bickerton, Derek: Roots of Language. Ann Arbor: Karoma Publishers 1981.

Broderick, George: Language Death in the Isle of Man. Tübingen: Niemeyer 1999.

Bryson, Bill: Mother Tongue. London: Penguin Books 1991.

Cavalli-Sforza, Luigi: Gene, Völker und Sprachen. München: Deutscher Taschenbuch Verlag 2001.

Christiansen, Morten H./Kirby, Simon (Hrsg.): Language Evolution. Oxford: Oxford University Press 2003.

Colliander, Peter/Hansen, Doris/Zint-Dyhr, Ingeborg (Hrsg.): Linguistische Aspekte der Übersetzungswissenschaft. Tübingen: Julius Groos 2004.

Corballis, Michael C.: From Hand to Mouth. The Origins of Language. Princeton/Oxford: Princeton University Press 2002.

Crystal, David: Die Cambridge Enzyklopädie der Sprache. Frankfurt/New York: Campus 1995.

Crystal, David: Language death. Cambridge: Cambridge University Press 2000.

Debus, Friedhelm: Entwicklungen der deutschen Sprache in der Gegenwart – und in der Zukunft? Stuttgart: Franz Steiner Verlag 1999.

Dunbar, Robin: Grooming, Gossip and the Evolution of Language. Cambridge (Mass.): Harvard-University Press [2]1997.

Ehmann, Hermann: Oberaffengeil. Das neue Lexikon der Jugendsprache. München: Beck 1996.

Fischer, Steven Roger: Eine kleine Geschichte der Sprache. München: Deutscher Taschenbuch Verlag 2003.

Fishman, Joshua A. (Hrsg.): Can threatened languages be saved? Clevedon: Multilingual Matters 2001.

Haarmann, Harald: Babylonische Welt. Frankfurt/New York: Campus 2001.

Hijiya-Kirschnereit, Irmela (Hrsg.): Eine gewisse Farbe der Fremdheit. Aspekte des Übersetzens Japanisch-Deutsch-Japanisch. München: Iudicium 2001.

Hindley, Reg: The death of the Irish language. London/New York: Routledge 1990.

Hofmann, Hans-Rainer: Lachoudisch sprechen. Dinkelsbühl: Brunnen-Verlag 1998.

Hundt, Markus: »Spracharbeit« im 17. Jahrhundert. Studien zu Georg Philipp Harsdörffer, Justus Georg Schottelius und Christina Gueintz. Berlin/New York: de Gruyter 2000.

Kniele, Rupert: Das erste Jahrzehnt der Weltsprache Volapük. Überlingen: Schoy 1889.

Lachnit, Günther: Jugendsprache und Problemlösen. Osnabrück: Der Andere Verlag 2001.

Lindauer, Martin: Botschaft ohne Worte. Wie Tiere sich verständigen. München: Piper 1990.

Luidl, Phillip: Schrift. Die Zerstörung der Nacht. München: Walter Biering 1993.

Luidl, Phillip: Wie lesbar soll lesbar sein? München: Walter Biering 1998.

Lüthgens, Stephanie: Rechtschreibreform und Schule. Die Reformen der deutschen Rechtschreibung aus der Sicht von Lehrerinnen und Lehrern. Frankfurt am Main u. a.: Peter Lang 2002.

Masalskis, Hans: Das Sprachgenie Georg Sauerwein. Oldenburg: Igel Verlag 2003.

Meluzzi, Luciano: Il cardinale Giuseppe Gaspare Mezzofanti – Poliglotta e Bibliotecario. Bologna: Rizzoli 1963.

Müller-Thurau, Claus Peter: Lexikon der Jugendsprache. Düsseldorf und Wien: Econ 1985.

Nettle, Daniel / Romaine, Suzanne: Vanishing Voices. Oxford: Oxford University Press 2000.

Neuland, Eva (Hrsg.): Jugendsprachen – Spiegel der Zeit. Frankfurt am Main u. a.: Peter Lang 2003.

Nierhaus-Knaus, Edith: Geheimsprache in Franken. Das Schillingsfürster Jenisch. Rothenburg o. T.: Verlag J. P. Peter [2]1980.

Ortega y Gasset, José: Miseria y Esplendor de la Traducción. München: Deutscher Taschenbuch Verlag 1977.

Pfeiffer, Sabine: Untersuchung der PC-basierten Übersetzung am Beispiel des T1 von Langenscheidt und Personal Translator Plus. Saarbrücken: Universität des Saarlandes 1997.

Philippe, Benoît: Sprachwandel bei einer Plansprache am Beispiel des Esperanto. Konstanz: Hartung-Gorre Verlag 1991.

Plansprachen und ihre Gemeinschaften. Beiträge der 11. Jahrestagung der Gesellschaft für Interlinguistik e. V. 23.–25. November 2001 in Berlin.

Pons-Wörterbuch der Jugendsprache. Stuttgart: Klett 2004.

Roehrig, Catharine: Spaß mit Hieroglyphen. Nürnberg: Tessloff 1991.

Robinson, Andrew: Die Geschichte der Schrift. Düsseldorf: Albatros 2004.

Savage-Rumbaugh, Sue: Kanzi der sprechende Schimpanse. München: Droemer Knaur 1995.

Schildt, Joachim: Kurze Geschichte der deutschen Sprache. Berlin: Volk und Wissen 1991.

Schlobinski, Peter / Kohl, Gaby / Ludewigt, Irmgard: Jugendsprache – Fiktion und Wirklichkeit. Opladen: Westdeutscher Verlag 1993.

Störig, Hans Joachim: Abenteuer Sprache. München: Humboldt [2]1997.

Tomasello, Michael: Constructing a language. Cambridge (Mass.): Harvard University Press 2003.

Veldtrup, Josef: Bargunsch oder Humpisch. Die Geheimsprache der westfälischen Tiötten. Münster: Aschendorf [2]1974.

Zabel, Hermann: Der gekippte Keiser. Dokumentation einer Pressekampagne zur Rechtschreibreform. Bochum: Brockmeyer 1989.

Zaimoglu, Feridun: Kanak Sprak. 24 Mißtöne vom Rande der Gesellschaft. Hamburg: Rotbuch [6]2004.

Zimmer, Dieter E.: Die Elektrifizierung der Sprache. Zürich: Haffmans 1990.

Zimmer, Dieter E.: So kommt der Mensch zur Sprache. Über Spracherwerb, Sprachentstehung und Sprache & Denken. Zürich: Haffmanns [2]1987.

Bildnachweis für Innenfotos:

So wird Geschichte lebendig!

Wer diese Bücher in die Finger bekommt, erlebt Geschichte einmal ganz anders.
Nicht als Ansammlung toter Fakten,
sondern als bewegte Erzählung fiktiver Augenzeugen.

Günther Bentele
Augenblicke der Geschichte – Die Neuzeit
304 Seiten
ISBN 978-3-570-12915-9

Günther Bentele
Augenblicke der Geschichte – Das Mittelalter
304 Seiten
ISBN 978-3-570-12914-2

www.cbj-verlag.de

Sandra Maischberger
Die musst du kennen
Menschen machen Geschichte

352 Seiten   ISBN 978-3-570-12871-8

Geschichte passiert nicht – Geschichte wird gemacht. Durch alle Jahrhunderte hindurch haben große Köpfe die Weichen der Weltgeschichte gestellt. Spannend und für Kinder nachvollziehbar erzählt, werden sie vorgestellt: die 250 wichtigsten und populärsten Wissenschaftler, Politiker, Künstler und Denker unserer Kulturgeschichte. Ein unverzichtbares Nachschlagewerk für alle, die es genau wissen wollen.

www.cbj-verlag.de

Guido Knopp
Die Geschichte der Deutschen
Von Karl dem Großen bis zum Mauerfall

192 Seiten, ISBN 978-3-570-13060-5

Nichts ist so spannend wie Geschichte! Manchmal ereignet sie sich mit Pauken und Trompeten, oft aber geschieht sie auch leise und zunächst beinahe unbemerkt. Erst wenn ihre Wirkung eingetreten ist, merken wir, dass Geschichte »geschrieben« wurde. Guido Knopp stellt die wichtigsten Stationen der deutschen Geschichte dar – spannend erzählt und übersichtlich aufbereitet!

cbj

www.cbj-verlag.de

10 013